W0298473

Dr. med. vet.
Wolfgang Aeckerlein
Dr. med. vet
Dietmar Steinmetz

Vögel richtig füttern

49 Farbfotos
21 Zeichnungen

Ulmer

Heimtiere

Inhaltsverzeichnis

Vorwort

Vögel sind faszinierende Geschöpfe, die uns durch anmutige, vielfältige Körperformen, bunte Farben, ein munteres Wesen und Beweglichkeit in ihren Bann ziehen. Da die Gefiederten zudem, wie der Mensch, Umweltreize vor allem mit Auge und Ohr wahrnehmen, sind sie uns in ihren Reaktionen wesensnah und deshalb sympathisch. Es verwundert daher nicht, dass Vögel als Heimtiere weit verbreitet sind.

Frisches Obst ist für Vögel wichtig und herausfordernd.

Das Tierschutzgesetz beinhaltet die Verpflichtung, jedes gehaltene Tier artgerecht zu ernähren, zu pflegen und unterzubringen. Der Vogelhalter unterliegt damit einer gesetzlich verankerten Pflicht gegenüber der Kreatur, die er zu erfüllen hat. Dazu gehört auch, dass er der Ernährung der Vögel besondere Beachtung schenkt und auf ihre physiologischen Besonderheiten Rücksicht nimmt.

Die Verfasser haben sich das Ziel gesteckt, Grundwissen verständlich zu vermitteln, um dem Vogel in Menschenobhut ein Leben zu ermöglichen, das seinen naturgegebenen Bedürfnissen weitgehend entspricht. Wegen der Vielzahl der Vogelarten kann nicht auf die Anforderungen jeder Spezies eingegangen werden; dennoch wird der Vogelhalter Hilfe finden, da jeder Vogel bestimmten ernährungsphysiologischen Gesetzmäßigkeiten unterliegt, die in dem vorliegenden Buch praxisnah und angemessen dargestellt werden.

Es würde uns freuen, wenn es uns gelänge, den Blick von der herkömmlichen NUR-Saaten-Packungsdiät der meisten Stubenvögel auf eine erweiterte, abwechslungsreiche Aktiv-Ernährung zu lenken.

Hürth und Mainz-Laubenheim,
im Sommer 2003

Wolfgang Aeckerlein
Dietmar Steinmetz

Am Äußeren des Vogels erkennen, was er frisst

Rechte Seite: Vögel haben von Natur aus das richtige "Werkzeug" um sich Nahrung zu beschaffen. Besonders geschickt sind Papageienvögel, wie dieser Kakadu mit Schnabel und Füßen beweist.

Füße und Flügel, Federkleid und Schnabel haben sich im Laufe der Evolution (Stammesgeschichte) an die Erfordernisse der Umwelt angepasst. Insoweit eröffnet die Betrachtung der genannten Körperteile die Möglichkeit, den Vogel einem bestimmten Lebensraum und damit Futtergewohnheiten zuzuordnen. Die theoretische Auseinandersetzung mit der Anatomie (Lehre von der Form und dem Bau des Körpers) hat deshalb einen hohen Nutzen im Hinblick auf eine artgerechte Fütterung.

Schnabel

Der Vogelschnabel ist ein sehr vielseitig eingesetztes Organ. Neben der Hauptfunktion Nahrungsaufnahme dient er der Gefiederpflege, als Tastorgan, als Verteidigungsinstrument und als Ausdrucksmittel der Verständigung (zum Beispiel Klappern der Störche). Papageien nutzen den Schnabel zudem als Kletterhilfe – als „drittes Bein".

TIPP

Schnabel und Nahrungsobjekte müssen zueinander passen, sonst kann es zu Schnabelmissbildungen kommen

Der Schnabel wächst bei artgerechter Ernährung und Gebrauch – da Schnabelform und Nahrungsobjekte sinnvoll aufeinander abgestimmt sind – entsprechend der Geschwindigkeit seiner Abnutzung. Vor diesem Hintergrund ist es erklärlich, dass es zu Schnabelmissbildungen kommen kann, wenn das dargebotene Futter in Form und Konsistenz extrem von der Ursprungsnahrung abweicht.

Das Spektrum der von den Vögeln aufgenommenen Nahrung ist sehr breit. Es reicht vom kleinen Samenkorn bis hin zu Kadaverteilen verendeter Elefanten. Da zwischen der Form des Vogelschnabels und der Nahrung enge Zusammenhänge bestehen, überrascht es nicht, dass es sehr viele verschiedene Vogelschnäbel gibt.

Zum Zerkleinern hartschaliger Nahrung hat die Gruppe der Papageien im Laufe der Entwicklungsgeschichte eine auffällige Schnabelform – den so genannten „Krummschnabel" – entwickelt.

Für die Körnerfresser sind harte, konisch zulaufende Schnäbel typisch, deren Größe und Form in Anpassung an bestimmte Futterpflanzen mit unterschiedlichen Samenständen erheblich variiert. Durch

1 2 3 4

Schnabelformen:
1 – langer, spitzer Schnabel eines Fischfressers
2 – spitzer Schnabel der Insektenfresser
3 – stumpfkegeliger Schnabel der Körnerfresser
4 – auf in Zapfen liegende Samen spezialisierter Schnabel
5 – Krummschnabel zum Zerkleinern hartschaliger Samen
6a bis 7b – Futtergefäße für Kolibris und Nektarvögel müssen der Schnabelform angepasst sein.

5

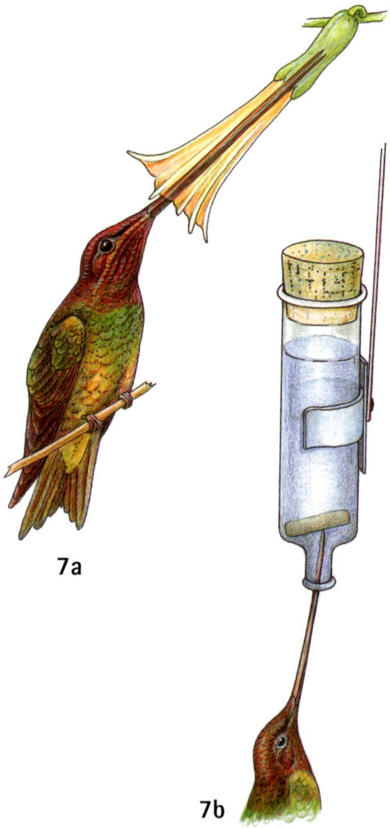

7a

7b

6a

6b

6

diese Spezialisierung ist es möglich, dass verschiedene Körnerfresser am selben Ort leben und sich ernähren können, ohne ernstlich in Konkurrenz zu treten.

Einen weichen, schmalen, pinzettenförmigen Schnabel zum Ergreifen von tierischen Organismen besitzen die Insektenfresser.

Auf Nektar spezialisierte Vögel haben einen röhrenförmigen langen Schnabel, welcher in Anpassung an bestimmte Blüten sehr extreme Formen zeigen kann. Loris sind durch einen schmalen Schnabel mit nur schwach ausgebildeten Feilkerben (Hornstrukturen) – in Verbindung mit einer „Pinselzunge" – in der Lage, Nektar, Pollen und das Mark überreifer Früchte zu ernten.

Über lange spitze Schnäbel verfügen die Fischfresser; aber auch hier gibt es Ausnahmen, wie der Schuhschnabel eindrucksvoll beweist.

MERKE

Da der Schnabel in besonders eindrucksvoller Weise den Zusammenhang zwischen Gestalt und Funktion beweist, gilt: *Zeige mir den Schnabel eines Vogels und ich nenne dir seine Nahrung!*

2

1

Hintergliedmaßen

Die Hintergliedmaßen der Vögel sind, je nachdem wo und wie Nahrung gesucht wird, sehr unterschiedlich ausgebildet. Auch hier handelt es sich um sinnvolle Anpassungen, die Rückschlüsse auf den Nahrungserwerb zulassen. Ein Blick auf die Vogelfüße verrät also einem ambitionierten Vogelfreund schnell, wie das Tier am ehesten artgerecht ernährt werden kann.

3

1 – zurückgebildete Hintergliedmaßen (Kolibri)
2 – Schwimmhäute zwischen den Zehen als Anpassung an das Leben am oder im Wasser
3 – Greiffüße eines Papageis

Hinweis!

Die Betrachtung der Füße erlaubt Rückschlüsse, wo der Vogel sich überwiegend aufhält und Nahrung sucht. Im Interesse einer artgerechten Ernährung sollte dort auch das Futter angeboten werden: Hühnervögel erhalten deshalb das Futter am Boden, während Vögel, die in freier Wildbahn ihre Nahrung zum Beispiel im Geäst der Bäume finden, auch in der Voliere ihr Futter möglichst nur bodenfern gereicht bekommen. Ebenso wichtig ist es, dass dem in Menschenobhut gehaltenen Vogel die Möglichkeit zu einem artgemäßen Einsatz der Füße bei der Nahrungssuche (zum Beispiel durch Klettern im Gezweig, Scharren am Boden, Schwimmen) geboten wird, da sich sonst Haltungskrankheiten entwickeln können, die in freier Natur unbekannt sind.

Im Schwarm gehaltene Vögel pflegen am Futtertisch soziale Kontakte.

Rechte Seite: Olivbauch-Nektarvogel in seinem Element.

Papageien haben kräftige Greiffüße mit jeweils zwei nach vorn und hinten gerichteten Zehen, mit denen sie sich geschickt kletternd im Gezweig fortbewegen. Hier werden Früchte und Knospen verzehrt. Auch in Käfig und Voliere sollten wir diese den Vögeln entsprechend anbieten, möglichst noch an den Zweigen, um die Tiere artgemäß zu beschäftigen. Kolibris besitzen stark zurückgebildete Hintergliedmaßen, die zur Fortbewegung kaum geeignet sind. Die Nahrung wird deshalb im Flug oder schwirrend erbeutet. Nahrungsgrundlage sind Fluginsekten und der Nektar von Blüten.

Viele Anpassungen hat das Medium Wasser hervorgebracht. Typische Besonderheiten sind Schwimmhäute zwischen (Kormoran, Pelikan) und Schwimmlappen (Haubentaucher, Blässhuhn) an den Zehen. Nahrungsgrundlage sind meist Fische oder Wasserpflanzen. Nähere Hinweise ergeben sich aus der Betrachtung des Schnabels und des Verdauungstraktes.

Füße werden von Vögeln auch zur Nahrungsbearbeitung oder -ergreifung benutzt. So kratzen Hühnervögel im Boden und legen auf diese Weise Futter wie Würmer oder Insektenlarven frei. Meisen fixieren mit den Füßen größere Samen, um diese mit dem Schnabel zu bearbeiten. Papageien erfassen mit dem Fuß Nahrung und führen sie zum Schnabel.

Flügel

Der Apfel ist bei vielen Gefiederten ein beliebter, gern angenommener Nahrungsbestandteil, der über das ganze Jahr zur Verfügung steht.

Die Vordergliedmaßen haben sich beim Vogel den Aufgaben des Fliegens angepasst und sich zu Flügeln umgebildet. Auch hier ergeben sich aus der Betrachtung wertvolle Hinweise, wie, wo und welche Nahrung gesucht wird.

Gute Flieger besitzen lange, schmale Flügel. Ihre Nahrung – zum Beispiel Insekten – fangen sie in der Luft. Ein Beispiel sind die Schwalben und der Mauersegler. Dem gegenüber sind die Flügel der Hühnervögel breit und kurz und zumindest zum gewandten Fliegen kaum geeignet. Dafür sind die Hintergliedmaßen gut ausgebildet, mit denen scharrend am Boden nach Nahrung gesucht wird. Gut ausgebildete Flügel, zurückgebildete Hintergliedmaßen und einen hoch spezialisierten Schnabel besitzen Kolibris; so ausgerüstet fangen sie Insekten und ernten im Schwirrflug aus ganz bestimmten zum Schnabel passenden Blüten Nektar und Pollen.

Gefiederfarbe

Die unterschiedliche Gefiederfärbung der Vögel ist ein sehr eindrucksvolles und auffälliges Ergebnis der Anpassung an die Umwelt. In vielen Fällen gibt die Färbung deshalb auch Hinweise, wo nach Nahrung gesucht wird.

So leben im immergrünen Laubwald viele in Grüntönen gefärbte Vögel. Ein typisches Beispiel sind die Amazonen, die sich überwiegend in den Baumkronen von Früchten und Knospen ernähren, dagegen den Boden meiden. Hieraus ergibt sich als weiterer Hinweis, beispielsweise Amazonen aus Futtergefäßen zu ernähren, die bodenfern angebracht sind. Wird der Weg zur Nahrung zusätzlich den natürlichen Gegebenheiten (Klettern im Gezweig) angepasst, so kann der Vogel unter beinahe natürlichen Bedingungen in der für ihn typischen Körperhaltung seine Nahrung aufnehmen. Haltungskrankheiten (zu lang gewachsene Krallen, Schnabeldeformationen – der Schnabel wird auch als Kletterhilfe, als „dritte Hand" eingesetzt) werden dadurch deutlich reduziert.

In Bodennähe sind überwiegend Vögel anzutreffen, deren Gefieder den dort gegebenen farblichen Nuancen entspricht. Hiervon macht auch der auffällig grün gefärbte Wildwellensittich keine Ausnahme, weil er immer dort erscheint, wo die Wüste durch starke Regenfälle in eine unermesslich weite grüne Graslandschaft verwandelt wurde. Halb-, ausgereifte und gekeimte Samen sowie junges Grün bildet hier die Hauptnahrung für die Vögel.

Sinne

Die Sinneswelt der Vögel besteht aus den fünf klassischen Sinnen Sehen, Hören, Schmecken, Riechen und Fühlen. Bekannt sind aber noch weitere Sinnesleistungen, über die Vögel Umweltinformationen erhalten. So verfügen sie über ein ausgezeichnetes Orientierungsvermögen: der Stand der Sonne und Sterne verrät ihnen ihren augenblicklichen Standort. Brieftauben besitzen zudem ein ferromagnetisches Organ im Schnabelbereich, mit dem sie sich im Magnetfeld der Erde orientieren können und das zu ihrem phänomenalen Heimfindevermögen beiträgt. Ein guter Orientierungs- und Zeitsinn sind die Voraussetzung dafür, dass Zugvögel ihren Weg finden oder Wellensittiche weite Wanderungen auf der Suche nach Wasser und frischem Grün bewerkstelligen.

Die fünf Hauptsinne der Vögel wirken zusammen bei der Suche, der Erkennung und schließlich auch beim Verzehr der Nahrung.

Das Auge nimmt beim Vogel unter den Sinnesorganen eine herausragende Stellung ein. Dementsprechend ist es sowohl absolut als auch relativ gesehen sehr groß, oben Zimtkehl- oder Orangekehlschnäpper.

Sehen

Vögel orientieren sich in ihrer Umwelt überwiegend aufgrund optischer Reize; es ist deshalb nicht überraschend, dass der Gesichtssinn – also das Auge – bei der Nahrungsaufnahme am häufigsten eingesetzt wird.

Das Vogelauge besitzt eine extrem hohe Empfindlichkeit für langsame und rasche Bewegungen. Einerseits können so langsam heranschleichende Fressfeinde schnell geortet werden, andererseits ist es dem Vogel gut möglich, rasch fliegende Beutetiere visuell zu fixieren und zu fangen.

Die besondere Sensibilität des Vogelauges muss im Interesse einer artgerechten Haltung bei der künstlichen Beleuchtung berücksichtigt werden. Übliche Leuchtstoffröhren weisen eine Flackerfrequenz von ca. 50 Hertz auf, die vom Vogel als störendes Flimmern wahrgenommen werden dürfte. Zudem fehlt der im Tageslicht enthaltene UV-Anteil. Es ist nicht ausgeschlossen, dass sich hierdurch Verhaltensstörungen (Federpicken), ein ausbleibendes Paarungsverhalten und Unsicherheiten bei der Nahrungsaufnahme entwickeln können. Eine „flackerfreie“ Beleuchtung mit einem entsprechenden UV-Anteil ist deshalb anzustreben. Man erreicht dies durch die Vorschaltung eines elektronischen Gleichrichters oder durch die Verwendung von so genannten HF („high frequency") Neonröhren.

Hören

Vögel können nicht nur sehr gut sehen, sondern auch hervorragend hören – eine Fähigkeit, die viele auch beim Nahrungserwerb einsetzen. Spechte nehmen Holz bewohnende Insekten zuerst akustisch war, um dann gezielt die betreffende Stelle mit dem Schnabel zu bearbeiten. Eulen orten in der Dunkelheit durch Richtungshören ihre mehr oder weniger unsichtbare Beute. Sturm und Regen erschweren dies sehr, so dass die Vögel bei solchen Witterungsverhältnissen die Jagd sogar einstellen müssen.

Geschmack

Vögel galten gegenüber Geschmacksreizen lange Zeit als relativ unempfindlich. Heute weiß man, dass viele Gefiederte, unter anderem Kolibris, Loris, Tauben, Gänse, Enten und Hühner, durchaus in der Lage sind, verschiedene Geschmacksqualitäten sehr fein zu unterscheiden. Die Fähigkeit des Vogels, den Geschmack wahrzunehmen, nimmt mit der Erwärmung und Durchfeuchtung des Futters zu, denn vor allem durch Wärme werden mehr Duft- und Aromastoffe aus der Nahrung freigesetzt.

TIPP

Weil Vögel den Geschmack warmer und feuchter Nahrung viel stärker wahrnehmen, ist es zu empfehlen, unangenehm schmeckende Vitamin- oder Arzneipräparate in einer gekühlten, nicht zu feuchten Lösung oder Futterzubereitung zu verabreichen. Auch einige Tropfen flüssigen Süßstoffs erhöhen die Akzeptanz.

Geruch

Anatomische Befunde und Verhaltensstudien lassen den Schluss zu, dass auch der Geruchssinn bei Vögeln von Bedeutung bei der Nahrungsaufnahme sein kann. Greifvögel verschmähen beispielsweise verdorbene Fleischbrocken wegen des Geruchs. Enten, Gänse und viele Papageien haben ein nachweislich gutes Riechvermögen.

Zebrafinken besitzen die typischen kräftigen Schnäbel der Körnerfresser.

Ein besonders feiner Geruchssinn zeichnet den Kiwi aus, der mit seinen in der Schnabelspitze liegenden Nasenöffnungen im Erdreich verborgene Nahrungsbestandteile findet und auswählt.

Tastsinn

Der Tastsinn vermittelt dem Vogel neben den optischen Eindrücken die wichtigsten Informationen über die Beschaffenheit der Nahrung. Beurteilt werden Größe, Form, Oberfläche (rau, glatt, klebrig, trocken, behaart, etc.), Härte und andere Eigenschaften der Futterstoffe. Besonders deutlich wird dies bei Grünfutterpflanzen. Dickblättrige, zarte Pflanzen werden von Vögeln meist gern angenommen, derbe, zähe und behaarte dagegen verschmäht. Gründelenten, Schwäne und Flamingos tasten und finden mit dem Schnabel ihre Nahrung selbst im trüben Wasser. Über den Schnabel entscheidet der Vogel letzten Endes darüber, was gefressen wird.

Welches Futter für welchen Vogel?

Rechte Seite: Kernbeißer lieben wie viele Waldvögel das Nadelgrün. Die Inhaltsstoffe dieses Naturfutters beeinflussen auch die Gefiederfarbe.

Dr. Karl Russ schreibt in seinem 1888 erschienenen Buch *Die fremdländischen Stubenvögel* über die Ernährung der Vögel in der Einleitung: „Der erste Grundsatz ersprießlicher Vogelpflege überhaupt hat sich nothwendigerweise auf die Anschauung zu stützen, daß der Vogel sich umso wohler fühlt und desto besseres Gedeihen zeigt, je mehr das gereichte Futter mit seiner Ernährung in der Freiheit übereinstimmt; sachverständige Vogelfütterung kann daher immer nur auf Kenntniß des Freilebens, bzl. der Gewohnheiten und Bedürfnisse der Vögel begründet sein."

Dass die Natur bei der Vogelhaltung oberste Lehrmeisterin sein sollte, hat noch heute uneingeschränkte Gültigkeit! Dort gesammelte Erfahrungen belegen, dass sich die naturnahe Fütterung mitunter schwierig gestaltet, da sich die Gefiederten nicht so deutlich wie die Säugetiere in Pflanzen-, Fleisch- und Allesfresser einteilen lassen. Körnerfresser nehmen beispielsweise in Zeiten besonderer Leistungen (Brut, Wachstum, Mauser) auch tierische Kost auf, andererseits ernähren sich von tierischer Kost lebende Vögel (mitunter nur über den Kropf-/Darminhalt der Beutetiere) ebenso von pflanzlichen Nahrungsobjekten.

Grundsatz

Die Natur bietet eine breite Palette von Nahrungsobjekten. Gefressen und vertragen wird, was in das angeborene Nahrungsschema passt und den im Jahreslauf wechselnden Bedarf an Nähr- und Wirkstoffen deckt.

Timor-Reisamadine.

Körner fressende Finkenvögel

Zu dieser Gruppe gehören die Kanarienvögel und ihre Verwandten wie Zeisige, Girlitze, Gimpel und Stieglitze. Sie ernähren sich überwiegend von pflanzlichen Stoffen, die sie enthülsen. Als frei lebende Vögel sind sie täglich viele Stunden unterwegs, um Futterquellen ausfindig zu machen und ihre Nahrung aufzunehmen, die aus öl- und mehlhaltigen Sämereien besteht. Verkaufsfertige Mischungen enthalten deshalb Rübsen, Glanz, Mohn, Hafer, Hanf, Leinsamen und geschälten Hafer. Hinzu kommen so genannte Wildsämereien. Es sind sehr

gute Mischungen auf dem Markt, dennoch benötigen die Vögel neben diesem Grundfutter regelmäßig Obst, Grünpflanzen und deren Samenstände. Auch Mohrrüben, als Stückchen angeboten, werden von den Tieren gern gefressen und verschaffen ihnen zudem Beschäftigung. Gequollene und gekeimte Saaten bereichern das Angebot. Zur Mauserzeit sowie in der Zuchtperiode benötigen die Vögel zusätzliche Eiweißquellen in Form von gekochten und zerriebenen Eiern, gemahlenem Weichfresserfutter und bestimmten schwefelhaltigen Aminosäurenpräparaten. Vitamingaben über das Trinkwasser runden die Versorgung ab. Mit Futter-Pellets konnten bei einigen Züchtern die Kanarienvögel in bestem Gefieder gehalten werden, doch kamen diese Vögel im darauffolgenden Frühjahr nicht in Brutkondition. Vermutlich weil durch die „Aufarbeitung“ zum Pellet hypophysenwirksame Stoffe zerstört worden sind.

Goldbrüstchen.

Prachtfinken

Die Vertreter dieser Vogelgruppe sind Bewohner offener und halboffener Landschaften in wärmeren Regionen. Ihre Nahrung besteht dort aus den Pflanzen von Gras-, Baum- und Buschsteppen, deren Samen sie in den verschiedensten Reifestadien zu sich nehmen. Auch Fluginsekten und Termiten werden aufgenommen. Als Volierenvögel erhalten Prachtfinken ein Gemisch aus Glanz und verschiedenen Hirsen, daneben Nigersaat und Grassamen. Eine gute Ergänzung bietet Waldvogelfutter. Darüber hinaus nehmen größere Arten auch Getreide wie Weizen, Hafer, Gerste und Reis zu sich. Grünfutter in Form Samen tragender Pflanzen wie Löwenzahn, Vogelmiere, Hirtentäschelkraut, Sauerampfer, Wegerich, Nachtkerze usw. bereichert nicht nur das Angebot, sondern verlangt den Vögeln auch die entsprechende „Arbeit“ ab und beschäftigt sie. Für Zucht und Mauser benötigen sie zusätzliche Eiweißquellen, um den erhöhten Bedarf an essentiellen Aminosäuren zu decken.

Sittiche und Papageien

Beobachtungen in freier Natur haben gezeigt, dass sich die verschiedenen Papageienarten in ihrer Ernährung sehr stark voneinander unterscheiden. Papageien und Sittiche in Menschenobhut müssen deshalb ihrer Art entsprechend und so abwechslungsreich wie möglich ernährt werden, denn nur dann ist auch gewährleistet, dass sie alle diejenigen Stoffe erhalten, die sie für ein gesundes und aktives Leben brauchen.

Viele Papageienvögel (Psittaciden wie z. B. Aras, Amazonen) sind Allesfresser (omnivor), sie ernähren sich sowohl von Sämereien und Früchten als auch von tierischem Eiweiß (Insekten, Schnecken etc). Omnivore Vögel sind sowohl in der Ausbildung des Schnabels als auch den Strukturen des Verdauungsapparates wenig spezialisiert. Sie lassen sich deshalb relativ leicht in Menschenobhut ernähren, weil sie „mit Fingerspitzengefühl" durchaus an Ersatzfutterstoffe gewöhnt werden können, ohne dabei gesundheitlichen Schaden zu nehmen. Allerdings ist es wichtig, ein breit gefächertes Grundfutter anzubieten. Dazu gehören nicht nur Grassamen – über Hirse, Hafer, Weizen durch alle Getreidearten bis hin zu großen Nüssen – sondern auch Früchte, frische Pflanzen und gekeimtes Futter. Daneben benagen Papageien frisches Holz beziehungsweise Rinde.

Schwierigere Kostgänger sind die auf bestimmtes Futter spezialisierten Papageien, weil sich deren Verdauungsorgane durch Sonder- und Rückbildungen an die spezifische Nahrung angepasst und in ihrer Funktion darauf eingestellt haben. Diesen Gefiederten ist ein enges Nahrungsschema vorgegeben. So ernähren sich die Loris zum Beispiel in der Natur überwiegend von Pollen, Nektar, Früchten, Insekten und Pflanzenteilen wie Knospen. Verständlicherweise lassen sich diese spezialisierten Papageien mit Körnerfutter allein auf Dauer nicht artgerecht und bei Gesundheit halten. Amazonen aus dem gleichen Lebensraum ernähren sich überwiegend von verschiedenen Früchten, die deshalb auch in der Ersatznahrung in Menschenobhut nicht fehlen dürfen. Da fast alle Früchte ähnlich viel Feuchtigkeit und Kohlenhydrate enthalten, ist Obst aus unseren Breiten ein gleichwertiges Nahrungsmittel.

Vorsicht!

Avocados sind nach neuerer Erkenntnis für die Vertreter dieser Gruppe giftig.

Papageien in Menschenobhut sind im Vergleich zu frei lebenden Vertretern ihrer Art kaum jemals ausgelastet, weder in ihrem Sozialleben noch in ihrem Bewegungsdrang. Weiträumige Flüge zu den Nahrungsgründen und den Schlafplätzen sowie eine intensive Revierverteidigung fehlen. Hieraus lässt sich eine restriktive Energiezufuhr für Papageien unter Menschenobhut ableiten. Jahreszeitliche Wechsel zwischen Futterverknappung und reichlicher Versorgung, verschiedene Lebensphasen wie Mauser und Aufzucht der Jungen zeichnen das Freileben der Vögel aus. Der Vogelhalter kann sich dieses Wissen zunutze machen und das Futterangebot dem jahreszeitlichen Rhythmus seiner Vögel anpassen. Üppige Zeiten sollten sich mit mageren abwechseln. So kann unter anderem auch der Bruttrieb ausgelöst werden. Außerdem bietet die Art und Weise der Fütterung bei Papageien in Menschenobhut die Möglichkeit, die Tiere zu beschäftigen, sie anzuregen, ihnen Abwechslung zu bieten.

Frucht und Insekten fressende Vögel

Linke Seite: Bei der Nahrungsaufnahme fällt auf, dass Papageien beim Fressen oft einen Fuss (Halten des Nahrungsobjektes) zu Hilfe nehmen.

Reine Fruchtfresser sind in tropischen und subtropischen Gebieten anzutreffen, wo Früchte das ganze Jahr über reifen. Typische Vertreter dieser Vogelgruppe sind meist mit einer leuchtenden Gefiederfarbe ausgestattet, die in ihrem Verbreitungsgebiet im Licht- und Schattenspiel der Bäume aber eine Tarnfarbe darstellt. Typische Vertreter sind uns als Beos, Tukane, Bülbüls, Fruchttauben und Brillenvögel bekannt. Von den Früchten nutzen sie nur das Fruchtfleisch, die Kerne werden unverdaut wieder ausgeschieden. Zur Deckung des Eiweißbedarfes sind sie auf gesonderte Eiweißquellen angewiesen. In der Natur sind dies Pollen oder Insekten.

In Menschenobhut lassen sich diese Arten mit schnabelgerecht geschnittenen Apfelstücken, Bananen, Äpfeln, Birnen, Weintrauben, Ananas, geriebenen Karotten und ähnlichem ernähren. Auch gekochte Kartoffeln sind geeignet. Darüber hinaus sind die Beeren von Feuerdorn und Eberesche eine wertvolle, vitaminreiche Futterergänzung. Die Beeren lässt man an den Zweigen hängen und verschafft den Vögeln somit zusätzliche Beschäftigung. Als Eiweißquelle dienen unter anderem Leguminosen (gekocht) wie Bohnen, Erbsen und Wicken, Legemehl, Mehlkäferlarven, hartgekochtes Ei, Quark, Insektenfuttermischungen und speziell entwickelte Eiweißpräparate. Heuschrecken und Grillen (lebend gereicht) ergänzen für größere Arten den Speiseplan.

Für Fruchtfresser wie den Beo sind die breiten, weit zu öffnenden Schnäbel typisch.

Verdauungsapparat der Vögel

Rechte Seite: Es ist im Sinne der Beschäftigung der Tiere, wenn die Nahrung "erarbeitet" werden muss.

Nährstoffe gelangen über Schnabel und Schnabelhöhle in den Körper des Vogels, werden im Körper weiterverarbeitet und umgewandelt. Dabei entstehen Abfallstoffe und Abbauprodukte, die vom Körper wieder ausgeschieden werden. Diese Passage durch den Körper findet im Verdauungsapparat statt, der den ganzen Körper des Vogels durchzieht.

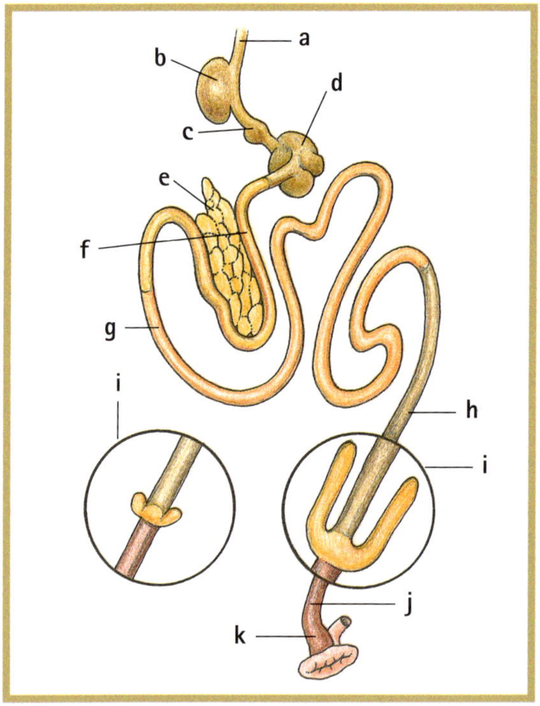

Verdauungstrakt des Vogels.
a) Speiseröhre, **b)** Kropf, **c)** Drüsenmagen, **d)** Muskelmagen, **e)** Bauchspeicheldrüse, **f)** Zwölffingerdarm, **g)** Dünndarm, **h)** Dickdarm, **i)** Blinddärme (links: rudimentär, Beispiel Taube. Rechts: doppelt, Beispiel Huhn) **j)** Enddarm, **k)** Kloake.

Einzelne Bereiche und Organe

Das Verdauungssystem aller Wirbeltiere zeigt ein relativ einheitliches Grundprinzip im Aufbau und in der Funktion. Bestimmte Abschnitte und Organe übernehmen verschiedene Aufgaben bei der Verdauung. Dabei unterscheiden sich Vögel von Säugetieren durch spezifische Merkmale, die im Folgenden betrachtet werden.

Speiseröhre und Kropf

Die Speiseröhre des Vogels ist ein dehnbares, schlauchförmiges Organ, über das die aufgenommene Nahrung von der Schnabelhöhle in den nachgeordneten Verdauungstrakt geführt wird. Die Speiseröhre der Vögel kann sehr unterschiedliche

Formen aufweisen. Bei Insektenfressern und Vögeln, die ihre Nahrung zerkleinern (Papageien), ist sie eng, weit dagegen bei Arten, die ihre Nahrung herunterschlingen (Fischfresser).

Bei vielen Vögeln erweitert sich die Speiseröhre zu einem Kropf, in dem die Nahrung – je nach Bedarf minutenlang oder über viele Stunden – gespeichert und aufgequollen wird. Mitunter sind im Kropf auch Kohlenhydrate und Eiweiß spaltende Enzyme vorhanden; in diesen Fällen wird bereits hier die Verdauung eingeleitet. Sonderfunktionen erfüllt der Kropf bei der Aufzucht der Nestlinge, indem die Brut aus diesem Futterspeicher Nahrung erhält. Tauben sondern in den ersten Tagen der Brutpflege aus dem Kropf eine fett- und zellhaltige Flüssigkeit, die so genannte Kropfmilch ab, mit der die Nestlinge in den ersten Tagen ausschließlich gefüttert werden.

Magen und Darm

Der Vogelmagen ist in den Vor- oder Drüsenmagen und den Muskel- oder Kaumagen unterteilt. Funktionell leitet der Drüsenmagen mit Hilfe von Fermenten und Salzsäure die chemische Aufbereitung der Nahrung ein, während der Muskelmagen allgemein die mechanische Futterzerkleinerung übernimmt.

Der Drüsenmagen zeigt in seinen Dimensionen und mikroskopischen Strukturen auffällige Anpassungsmerkmale, die in direkter Beziehung zur bevorzugten Nahrung stehen. Beispielsweise ist der Drüsenmagen besonders erweiterungsfähig und chemisch aktiv bei Vögeln, die große Mengen von Futter auf einmal verschlingen (Kormoran, Pelikan), während er bei Körnerfressern klein und wenig dehnbar ist. Eine weitere Funktion übernimmt der Drüsenmagen beim Wellensittich, indem dort während der Brutzeit für die Nestlinge eine Masse produziert wird, die der Kropfmilch der Tauben ähnelt.

In enger Beziehung zur Vorzugsnahrung ist auch der Muskelmagen sehr unterschiedlich ausgebildet. Bei Vögeln, die sich von leicht verdaulichem Futter (Fleisch, Fisch, Früchten, Nektar) ernähren, hat der Muskelmagen seine mechanische Funktion verloren. In diesen Fällen ist er zu einem muskelarmen, dehnbaren Hohlorgan zurückgebildet. Dagegen besitzen Körner-, Pflanzen- und einige Allesfresser einen gut ausgebildeten, massigen Muskelmagen, der das Futter durch rhythmi-

Hinweis!

Speiseröhre, Kropf, Magen und Darm haben sich an die Ausnutzung unterschiedlichster Nahrung angepasst und in Aufbau und Funktion spezialisiert. Deshalb benötigt jeder Vogel ein Futter, das er fressen, vertragen und verwerten kann. Wird dieser Grundsatz nicht beachtet, sind Verdauungs- und Gesundheitsstörungen die Folge. Fütterungsfehler sind am ehesten bei Nahrungsspezialisten zu erwarten. Der unerfahrene Vogelhalter sollte schwierige Kostgänger deshalb meiden, bis er mehr Erfahrungen gesammelt hat.

sche Kontraktionen und mit Hilfe der von den Vögeln aufgenommenen Steinchen (Gastrolithe) zerkleinert. Fehlen diese als „Zahnersatz" dienenden Steinchen, wird das Futter schlechter verdaut und ausgenutzt.

Der Darm ist ein hohles, schlauchförmiges Organ, welches vom Muskelmagenausgang bis zur Kloakenmündung reicht. Der erste Darmabschnitt, der Zwölffingerdarm, ist der Bereich, in dem die Nahrung in kleinere Bausteine zerlegt wird. Er bildet eine U-förmige Schleife, in der sich die Bauchspeicheldrüse befindet. Diese sondert Verdauungssäfte (Enzyme) in den Darm ab, die, in Verbindung mit Galle der Leber, Eiweiß, Fette und Kohlenhydrate der Nahrung spalten. Das Spektrum der Enzyme variiert mit der Hauptnahrung. Vögel sind deshalb auf ein Futter angewiesen, das den Möglichkeiten der Verdauungssäfte entspricht. Ganz besonders gilt dies für Spezialisten wie Kolibris und Loris.

Ein Enzym, die Laktase, die Milchzucker spaltet und bei Säugetieren vorkommt, fehlt den Vögeln, da Milch und Milchprodukte nicht zu ihrem Nahrungsspektrum zählen. Es ist daher nicht sinnvoll, bei der Vogelfütterung (dies gilt insbesondere für Nahrungsspezialisten!) Produkte zu verwenden, die Milchzucker (Laktose) enthalten.

Hinweis!

Futterbestandteile (zum Beispiel Muttermilchersatzpräparate), die Milchzucker (Laktose) enthalten, führen bei vielen Vögeln, besonders bei den Spezialisten, rasch zu Verdauungsstörungen.

In das Innere des Zwölffingerdarmes münden auch die Gallengänge, die dem Darminhalt das Sekret der Leber (die Galle) zuführen, welches die Fettverdauung unterstützt. Vom Zwölffingerdarm wandert die Nahrung in den Dünndarm, wo der größte Teil der Verdauung und Resorption der Nahrungsbestandteile stattfindet. Dem Dünndarm folgt der wesentlich kürzere End- oder Dickdarm, der sich allgemein in zwei Blinddärme, den Grimmdarm und die Kloake gliedern lässt. In den Blinddärmen – die vielen Vögeln fehlen (zum Beispiel dem Wellensittich) oder nur stummelförmig ausgebildet sind (bei der Taube) – wird schwer verdauliche Kost (Rohfaser) von Bakterien abgebaut und so dem Körper zur Energiegewinnung verfügbar gemacht.

Gut ausgebildete Blinddärme (eine Anpassung an das zellulosereiche Futter) besitzen Enten, Gänse und Hühnervögel. Da aber stets nur ein geringer Teil der Nahrung in die relativ kleinen Blinddärme eintritt, ist die Fähigkeit zur Rohfaserverdauung grundsätzlich gering. Vögel sind deshalb fast ausnahmslos auf Futterstoffe mit hoher Nährstoffkonzentration angewiesen.

Im Dickdarmbereich, wenn dieser gut ausgebildet ist, werden durch bakterielle Synthese auch einige Vitamine (K- und B-Komplex) gebildet und resorbiert. Im Enddarm schließlich werden die Rest- und Abfallstoffe eingedickt und der Kot über die Kloake dann ausgeschieden.

Die mit Naturzweigen ausgestattete Voliere bietet dem Vogel Früchte, Rinde und frisches Grün, daneben viel Beschäftigung (Klettern in den Zweigen).

Umweltfaktoren und Vogelernährung

Licht und Temperatur beeinflussen den Stoffwechsel des Vogels und damit seine Ernährung erheblich. Vor diesem Hintergrund müssen bei der Haltung neben einer sachgerechten Fütterung auch die Umweltbedingungen so gestaltet werden, dass die Vögel nicht unnötig belastet sind.

Licht

Das Licht gehört zu den wichtigsten physikalischen Einflüssen auf den Vogel: Es teilt den Tagesverlauf in eine Aktivitäts- und eine Ruhephase und steuert über den Verlauf des Jahres auch die Fortpflanzungsaktivitäten. In unseren Breitengraden ist dabei zu bedenken, dass die Dauer der Lichteinwirkung in den Jahreszeiten Herbst, Winter und

Frühjahr gering und damit die erzwungenen Ruhezeiten lang sind. Viele exotische Vögel können in diesen Perioden nicht ausreichend Nahrung aufnehmen und werden krankheitsanfällig. Für diese Tiere ist deshalb eine Tagesverlängerung durch künstliches Licht notwendig.

Viele Vögel können UV-Licht wahrnehmen und nutzen diese Fähigkeit bei der Nahrungssuche. So ist bekannt, dass insbesondere reife Früchte (zum Beispiel Pflaumen) UV-Licht stark reflektieren, sich dadurch deutlich von dem umgebenden Blattwerk abheben und so leichter gefunden werden können. Da Fensterglas UV-Licht absorbiert, sind Unsicherheiten bei der Nahrungsaufnahme nicht auszuschließen. Dieser Umstand sollte bei der Volieren- und Käfighaltung unserer Vögel berücksichtigt werden.

Hinweis!

Im Haus gehaltene Vögel sollten wegen der UV-Absorption des Fensterglases ab und an natürlichem Licht ausgesetzt werden. Bei Kunstlichthaltung sollten auch im UV-Spektrum ausstrahlende Neonröhren („full spectrum light" oder „true light") verwendet werden.

Darüber hinaus darf nicht vergessen werden, dass das Licht generell eine anregende Wirkung zeigt. Strahlende Sonne belebt und führt offensichtlich zu Wohlbefinden, während trübes Licht von gegenteiligem Einfluss ist. Dies findet auch im Verhalten der Vögel seine Bestätigung. Als Beispiel sei der Waldrapp genannt, der nur bei Sonnenschein auffällige Aktivitätsausbrüche zeigt. Auch der Gesang und der Fortpflanzungstrieb werden durch die wärmenden Sonnenstrahlen gefördert.

Temperatur

Die meisten Vögel können nur in einem relativ engen Temperaturbereich existieren. Abweichende und längere Zeit anhaltende zu hohe oder tiefe Temperaturen führen zu einer nachhaltigen Beeinträchtigung des Wohlbefindens des Vogels und widersprechen tierschutzgerechter Haltung. Dabei ist allerdings auch zu bedenken, dass gewisse Temperaturschwankungen eine natürliche Komponente des Tages- und Jahresablaufes sind, die auf den Stoffwechsel einwirken. Eine stets gleichbleibende Umgebungstemperatur ist deshalb auch nicht artgerecht.

MERKE

Die Kenntnis von der Bedeutung der Umweltfaktoren Licht und Temperatur ist eine Grundvoraussetzung einer artgerechten Haltung. Es gilt also auch hier, dass nur derjenige dem Vogel optimale Haltungsbedingungen schaffen kann, der ihn in all seinen Ansprüchen kennt.

Wie das Futter umgewandelt wird – der Stoffwechsel

Linke Seite: Körnerfresser füttern ihre Jungen während der Brutzeit mit Insekten und versorgen Sie damit mit den notwendigen Eiweißbaustoffen.

Über die Nahrung muss der Vogel jene Mengen an Energie, Eiweiß und Wirkstoffen erhalten, die für den Ablauf seiner Lebensvorgänge notwendig sind. Der Bedarf an diesen Stoffen wechselt mit dem Jahreslauf und den damit verbundenen besonderen Leistungen wie Eibildung, Wachstum und Mauser. Die Fütterung des Vogels sollte diesen wechselnden Gegebenheiten angepasst werden (siehe Mauserfutter Seite 81).

Grundumsatz

Den geringsten Energiebedarf hat der Vogel, wenn er ruht, nüchtern ist (der Energieaufwand für die Verdauung entfällt) und in thermoneutraler Umgebungstemperatur gehalten wird (dies ist der Temperaturbereich, in dem der Vogel den Unterschied zur Umgebungstemperatur mit dem geringsten Energieaufwand ausgleichen kann). Der Grundumsatz ist bei allen Vögeln (wegen deren hoher Körpertemperatur und Lebhaftigkeit) relativ groß. Dies gilt insbesondere für sehr kleine Vögel, da der Stoffwechsel warmblütiger Tiere eine Funktion des Verhältnisses zwischen Gewicht und Oberfläche des Körpers ist. Fütterungsfehler führen deshalb bei kleinen Tieren sehr rasch zu einem

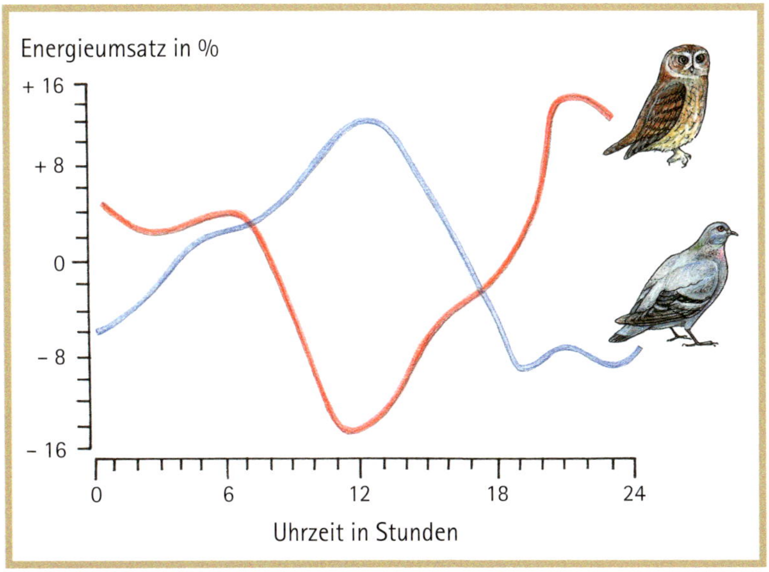

Energie-Umsatz. Nachtaktiver Kauz im Gegensatz zu tagaktiver Haustaube.

Besonders bei Sporttauben ist es wichtig, die Fütterung den Leistungsphasen anzupassen.

Energiedefizit, das zu Abmagerung, Hinfälligkeit oder gar Tod führen kann.

Der Grundumsatz wechselt im Tagesrhythmus. Höhere Grundumsatzwerte findet man in der Zeit, in der die Vögel unter natürlichen Bedingungen – also am Morgen und späten Nachmittag – besonders aktiv sind. Zu diesen Zeiten zeigen die Vögel eine gesteigerte Aktivität beim Fressen. Diese Verhaltensweise, die auch in der Käfig- und Volierenhaltung zu beobachten ist, kann dazu genutzt werden, leicht verderbliche Nahrungsmittel (Keim- oder Eifutter) und nicht wohlschmeckende Arzneimittelgaben effektiv anzubieten.

Erhaltungsbedarf

Unter natürlichen Bedingungen muss der Vogel laufen, klettern, fliegen, Futter suchen, verdauen, die Körpertemperatur bei verschiedenen Außentemperaturen regeln (siehe Zeichnung auf Seite 29), Sozialkontakte pflegen und viele weitere Leistungen vollbringen. Die dafür notwendige Energiemenge, einschließlich der des Grundumsatzes, ist der Erhaltungsbedarf. Beim frei lebenden Vogel beträgt er das Zwei- bis Vierfache des Grundumsatzes.

Eine zu reichhaltige Fütterung von Vögeln in unserer Obhut kann deshalb rasch negative Folgen (Fettleibigkeit, Stoffwechselkrankheiten, Herz-Kreislaufversagen, Fruchtbarkeitsstörungen) haben.

Leistungsbedarf

Der Leistungsbedarf schließt neben dem Erhaltungsbedarf den Energieaufwand für besondere Leistungen – wie Eibildung, Wachstum und Mauser – ein. Für die Eibildung haben beispielsweise Gänsevögel einen Energiebedarf, der circa 70 % über dem Erhaltungsbedarf liegt.

Ein weiterer Energie zehrender Prozess ist die Mauser. Die Neubildung der Federn, die vermehrte Wärmeabstrahlung durch das ausgedünnte Federkleid und schließlich das erschwerte Fliegen wegen der fehlenden Federn im Flügelbereich kosten zusätzliche Kräfte. Durch den angespannten Energiehaushalt sind mausernde Vögel wenig aktiv. Dies spart einerseits Energie und andererseits lässt es den flugbehinderten Vogel unauffällig erscheinen, ein Schutz frei lebender Vögel

TIPP

Äußeres Zeichen eines erhöhten Energiebedarfes ist ein deutlich gesteigerter Futterverzehr. Beim Kanarienvogel ist dieser bereits drei Wochen vor Legebeginn – auch mit erhöhter Wasseraufnahme bei den Weibchen – zu beobachten. Das Futterangebot sollte dann qualitativ den Anforderungen der Brutzeit entsprechen (Gaben von hochwertigem Eiweiß und Wirkstoffen).

vor Beutegreifern. In der freien Natur ist die Mauserzeit deshalb den Zeiten guten Nahrungsangebotes angepasst.

Alle Vögel, besonders kleine, haben einen sehr intensiven Stoffwechsel und damit einen hohen Energiebedarf. Wird dieser nicht gedeckt, kann es in kurzer Zeit zu Todesfällen kommen. Darauf beruhen die hohen Winterverluste besonders unter den kleinen Vögeln, weil bereits nach wenigen Stunden an Tagen mit Raureif oder Vereisungen an Baum, Strauch und Boden, jegliche Nahrungssuche für sie unmöglich ist.

Federkleid der Amsel bei verschiedenen Außentemperaturen. **a)** + 20 °C, **b)** 0 °C, **c)** – 20 °C. Vögel plustern zur besseren Wärmeisolation ihr Gefieder, dadurch sinkt das Temperaturgefälle zur Außenwelt und damit der Energieverbrauch. Kranke oder zu kalt gehaltene Vögel zeigen ein ständig gesträubtes Gefieder.

Bestandteile des Futters

Rechte Seite: Die Einzelhaltung dieses Vogels ist verboten, weil diese Tiere Sozialkontakte zu Artgenossen brauchen. Futter sollte auch nicht unter einer Sitzstange angeboten werden, da es dort durch Kot verschmutzt werden kann.

Die Futtermittel enthalten organische (Eiweiß, Fett, Kohlenhydrate, Vitamine) und anorganische (Mineralstoffe) Inhaltsstoffe sowie Wasser.

Daneben können essentielle und nicht essentielle Nahrungsbestandteile voneinander unterschieden werden. Erstere müssen mit der Nahrung aufgenommen werden, letztere kann der Vogel aus anderen Nährstoffen auf- beziehungsweise umbauen.

Außerdem enthalten viele Nahrungsobjekte – besonders frisches Grün – bioaktive Bestandteile: unter anderem Hormone und antibiotisch wirkende Substanzen.

Verschiedene Futterobjekte enthalten in unterschiedlicher Menge Nähr- und Wirkstoffe, die vom Vogel überwiegend durch biochemische Prozesse nutzbar gemacht werden. Dem gegenüber spielt der Abbau der Nahrung durch Darmorganismen (Bakterien) eine untergeord-

Hauptnährstoffe	**Eiweiß, Fette und Kohlenhydrate**
essentielle Aminosäuren	Arginin, Glutaminsäure, Glykokoll, Histidin, Isoleuzin, Leuzin, Lysin, Methionin, Phenylalanin, Tryptophan, Valin
halbessentielle Aminosäuren	Tyrosin, Cystein, Cystin
essentielle Fettsäuren	Linol-, Linolen- und Arachidonsäure
Wasser	
Mineralstoffe	
Mengenelemente	Chlor, Kalium, Kalzium, Magnesium, Natrium, Phosphor, Schwefel
Spurenelemente	Chrom, Eisen, Jod, Kobalt, Kupfer, Mangan, Molybdän, Selen
fettlösliche Vitamine	A, D, E, K
wasserlösliche Vitamine	B-Komplex und C

nete Rolle, da Bereiche im Verdauungstrakt, die als „Gärkammern" funktionieren, bei den Vögeln allgemein fehlen (Ausnahmen: unter anderem Hühnervögel, Gänse, Straußenvögel).

Der Bedarf an Nähr- und Wirkstoffen wechselt mit dem Lebensrhythmus. Beispielsweise erhöhen Eibildung, Wachstum und Mauser den Eiweißbedarf. Kälte lässt den Energiebedarf ansteigen, während die Eischalenproduktion und das Skelettwachstum zusätzlich erhöhte Anforderungen an den Mineralstoffwechsel stellen.

Die Nahrung für Vögel muss diesem wechselnden Bedarf Rechnung tragen! Dies erfordert Kenntnisse über die lebenswichtigen Nähr- und Wirkstoffe und deren Gehalt in den verschiedenen Futterobjekten.

Hauptnährstoffe

Mit dem Futter nimmt der Vogel die organischen Hauptnährstoffe (Eiweiße, Kohlenhydrate, Fette und Vitamine) auf, die er unter anderem zur Aufrechterhaltung seiner Lebensprozesse und zur Realisierung besonderer Leistungen (Wachstum, Brut, Mauser) benötigt. Die Nut-

Die lebhaften Rußköpfchen kommen aus einem kleinen Verbreitungsgebiet im Zentrum des südlichen Afrika.

zung der Hauptnährstoffe ist sehr unterschiedlich. Beispielsweise ernähren sich Greifvögel überwiegend von Eiweiß, während Hühnervögel pflanzliche Komponenten bevorzugen, bei denen der Anteil an Kohlenhydraten überwiegt. Fette spielen in der Ernährung vieler Fischfresser sowie Finken, die sich von fetthaltigen Sämereien ernähren, eine dominante Rolle.

Eiweiß

Die Eiweißstoffe, wissenschaftlich Proteine genannt, nehmen unter den drei Hauptnährstoffen (Kohlenhydrate, Fett, Eiweiß) eine Sonderstellung ein, weil sie im Stoffwechsel durch keinen anderen Nährstoff ersetzt werden können. Hauptsächlich werden die Proteine für den Aufbau von Körpergewebe (Wachstum, Mauser) eingesetzt, dagegen kaum zur Energiegewinnung. Eine weitere Besonderheit der Eiweißstoffe ist, dass sie nicht gespeichert werden können, wie dies bei den Kohlenhydraten (als Leber- und Muskelglykogen) und Fetten (Depotfett) möglich ist. Der Vogel ist deshalb auf eine ständige Zufuhr von Eiweiß angewiesen.

Die Grundbausteine jeder Eiweißverbindung sind die Aminosäuren. Sie werden nach ernährungsphysiologischen Gesichtspunkten in essentielle (unentbehrliche) und nicht essentielle (entbehrliche) eingeteilt. Das Fehlen oder ein Unterangebot an nur einer einzigen essentiellen Aminosäure begrenzt die Verwertung der übrigen Bausteine und damit die Leistung des Vogels zum Beispiel in Form einer Wachstumsverzögerung, mangelhafter Mauser, Rückgang der Körpermasse oder verminderter Resistenz gegen Infektionen.

Andererseits kann ein Eiweißüberangebot zu Ablagerungen von Stoffwechselprodukten (Uraten) führen und, besonders in Verbindung mit einem Vitamin A-Mangel, Krankheiten wie Gicht verursachen.

MERKE Die Qualität – die biologische Wertigkeit – eines Futters wird wesentlich durch die Anzahl und das Mengenverhältnis der darin enthaltenen Aminosäuren bestimmt.

Nahrung tierischer Herkunft hat eine hohe Wertigkeit (einen hohen Anteil an essentiellen Aminosäuren bei gleichzeitiger optimaler Aminosäurezusammensetzung), dahinter rangieren pflanzliche Futterbestandteile.

Die Eiweißverbindungen bilden die Stoffklasse, die am Aufbau des Organismus mengenmäßig am stärksten beteiligt ist. Wie alle Bestandteile des Körpers unterliegen auch sie einem ständigen Auf- und Abbau sowie einem damit verbundenen Verlust, der eine fortlaufende Eiweißzufuhr notwendig macht.

Der ständige Eiweißbedarf ist während des Wachstums besonders hoch, weil in diesem Lebensabschnitt sehr schnell Muskel- und Organ-

Hinweis!

Essentielle Aminosäuren kann der Vogel nicht selbst bilden, sie müssen deshalb mit dem Futter – vor allem zu Zeiten besonderer Leistung (Eibildung, Wachstum, Mauser) – entsprechend dem Bedarf zugeführt werden. Hierfür eignen sich vorrangig Nahrungsoblekte tierischer Herkunft, weil sie einen hohen Gehalt an essentiellen Aminosäuren besitzen.

Extreme Fettablagerungen im Organismus (außer in der Lunge) sind bei Zugvögeln während der Zugdisposition zu finden.

gewebe aufgebaut wird. Ein erhöhter Eiweißbedarf besteht auch während der Eibildung. Dies wird verständlich, wenn man bedenkt, dass ein Wellensittich von circa 40 Gramm Körpergewicht in zehn Tagen fünf Eier mit einem Gesamtgewicht von circa zehn Gramm produziert, die darüber hinaus einen hohen Anteil an hochwertigem Eiweiß aufweisen.

Mit einem erhöhten Eiweißbedarf, vor allem an schwefelhaltigen Aminosäuren (Lysin, Cystin und Methionin) ist auch die Mauser verknüpft. Deshalb muss diese – ebenso wie die Brutzeit – in freier Wildbahn in Zeiten liegen, in denen sowohl die Umweltbedingungen als auch das Nahrungsangebot stimmen.

Der erhöhte Eiweißbedarf zu Zeiten besonderer Leistungen ist mit Proteinen pflanzlicher Herkunft (wegen des Mangels an essentiellen Aminosäuren) nicht zu decken. Deshalb füttern im allgemeinen auch Körnerfresser ihre Nestlinge zumindest in den ersten Tagen (Zeit des schnellsten Wachstums) größtenteils mit tierischer Kost (Insekten, Kropfmilch). Erst wenn die Jungen langsamer wachsen, beginnt die Zufütterung von aufgeweichten Körnern und das Futter ähnelt zunehmend dem der Elterntiere.

Somit wird klar, dass auch Körnerfressern und anderen Vögeln, die sonst von pflanzlicher Kost leben, zumindest während des Wachstums, der Mauser und der Brutzeit tierisches Eiweiß angeboten werden muss.

Generell sollte das Nahrungsangebot vielfältig und abwechslungsreich sein. Auch hier liegt die Erklärung bei den unentbehrlichen (essentiellen) Aminosäuren. So zeichnet sich beispielsweise das Leguminosenprotein, das unter anderem in Erbsen und Lupinen enthalten ist, durch einen günstigen Lysin-Gehalt aus, während bei dem Getreideeiweiß das Lysin begrenzt ist, dagegen der Methionin-Gehalt günstig liegt. Durch die Mischung von beiden Futtermitteln kommt es zu einer gegenseitigen Ergänzung, die eine ausreichende Versorgung mit beiden wichtigen Aminosäuren erwarten lässt. Abwechslungsreiche Kost bietet deshalb am ehesten die Gewähr, dass der Vogel alle benötigten Aminosäuren in genügender Menge erhält.

Fette

> **Hinweis!**
>
> Eine einseitige Ernährung mit fettreicher Nahrung – zumal wenn diese überlagert und ranzig ist – führt zu Gesundheitsstörungen wie Übergewicht, Fettgeschwülsten und Leberschäden. Weiterhin ist zu bedenken, dass der Energiebedarf von Volierenvögeln grundsätzlich gering ist, da viele Kräfte zehrende Momente des Freilebens fehlen.

Die Fette bestehen wie die Kohlenhydrate aus Kohlenstoff, Sauerstoff und Wasserstoff. Sie haben den höchsten Energiegehalt unter den Nährstoffen. Deshalb führt eine einseitige Ernährung mit fetthaltigen Nahrungsobjekten wie Erdnüssen, Sonnenblumenkernen, Leinsamen – zumal bei Käfig- oder Volierenhaltung viele Kräfte zehrende Momente des Freilebens fehlen – rasch zu Übergewicht, Fettgeschwülsten (Lipomen, besonders häufig beim Wellensittich) und Organschäden. Die Leber ist dabei besonders häufig betroffen. Andererseits kann eine völlig fettfreie Ernährung durch das Fehlen essentieller Fettsäuren und nur in Fett löslicher Vitamine zu Mangelkrankheiten und Leistungsabfällen führen.

Die vom Vogel aufgenommenen Fette werden durch die Gallenflüssigkeit der Leber und Enzyme des Verdauungstraktes in Fettsäuren und Glycerin zerlegt, resorbiert und danach in körpereigene Fette umgewandelt und abgelagert. Bei dem Abbau von Fetten entstehen keine Schlacken, weil sie im Körper restlos zu Kohlensäure und Wasser verbrannt werden. Vor allem Zugvögel nutzen dies und decken damit einen Großteil ihres Flüssigkeitsbedarfs. So können sie Gebiete wie Wüsten oder Meere überqueren, ohne trinken zu müssen.

Der periodisch wechselnde Energiebedarf des Vogels kann nicht immer sofort durch gesteigerte Nahrungsaufnahme gedeckt werden. Der Vogel speichert deshalb Fett als Reserve vor der Brut, der Zugzeit und dem Beginn des Winters. Dieses wird in Depots in der Leber und unter der Haut gelagert. So können Vögel auch die unwirtlichsten Lebensräume besiedeln. Beispielsweise beziehen Raufußhühner während der kalten Jahreszeit im hohen Norden einen Großteil der benötigten Energie aus dem im Sommer und Herbst angefressenen Depotfett. Nur so überstehen auch Auer-, Birkwild und andere Vögel den Winter mit energiearmen Knospen, dem einzigen Nahrungsangebot zur dieser Zeit. Ebenso speichern Zugvögel größere Mengen Fett, um wie der amerikanische Goldregenpfeifer nonstop 3800 Kilometer von Alaska nach Hawaii zu fliegen. Beeindruckend sind die Leistungen des Rubinkolibris, der mit nur zwei Gramm Depotfett ununterbrochen 18 Stunden fliegen kann, oder vieler Gänsevögel auf ihrem Zug aus dem hohen Norden in die klimatisch günstigeren Regionen Mitteleuropas.

Fette nehmen wegen ihres hohen Energiegehaltes auch während des Wachstums, der Mauser, in der kalten Jahreszeit und anderen Energie zehrenden Situationen eine zentrale Stellung ein.

Allerdings werden Fette in Futtermitteln unter Einwirkung von Sauerstoff schnell ranzig, was bei Vögeln zu Gesundheitsschäden führen kann.

Kohlenhydrate

In freier Wildbahn sitzen Vögel nicht nur auf waagrechtem Untergrund wie die meisten Gefiederten in Menschenobhut. Bieten Sie Ihren Vögeln deshalb auch Geäst und bewegliche Sitzgelegenheiten an und solche, die nicht waagrecht sind.

Für die meisten in Menschenobhut gehaltenen Vögel sind Kohlenhydrate die wichtigste Energiequelle. Kohlenhydrate sind in pflanzlicher Kost enthalten, die den Tieren in freier Natur in großer Auswahl zur Verfügung steht. Genutzt werden frische Triebe, Knospen, Früchte, Beeren, Wasserpflanzen und Wurzeln. Kohlenhydrate werden von den Pflanzen unter Ausnutzung der Sonnenenergie durch die Photosynthese aus Kohlendioxid und Wasser gebildet.

Im Darm des Vogels werden die verschiedenen Kohlenhydrate durch bestimmte Verdauungsenzyme zu Einfachzucker (Traubenzucker) umbeziehungsweise abgebaut und resorbiert. Dieser wird im Körper entweder sofort zur Energiegewinnung verbrannt oder in tierische Stärke, Glykogen, umgesetzt. Überschüssige Anteile werden in der Leber und der Muskulatur gespeichert oder in Organfett umgewandelt. Bei der Verbrennung der Kohlenhydrate im Organismus entstehen die Oxidationsprodukte Kohlendioxid und Wasser, die ausgeatmet und über den Kot ausgeschieden werden.

Nach ihrem chemischen Aufbau werden Einfachzucker (Monosaccharide), zusammengesetzte Zucker (Oligo- oder Disaccharide) und Mehrfachzucker (Polysaccharide) voneinander unterschieden. Zu den Disacchariden zählt auch der Milchzucker (Laktose). Da Milchzucker in der natürlichen Nahrung von Vögeln nicht vorkommt, können sie ihn nicht verwerten; es fehlt ihnen das Enzym Laktase. Zu den Polysacchariden zählt das pflanzliche Reservekohlenhydrat Stärke, das besonders reichlich in Getreidekörnern enthalten ist.

Zu den Mehrfachzuckern zählt auch die Rohfaser, die als Nährstoff kaum Bedeutung hat, da sie unverdaulich ist. Nur Vögel mit gut ausgebildeten Blinddärmen (zum Beispiel Raufußhühner) können einen Teil der Rohfaser durch bakterielle Zersetzungsvorgänge für sich nutzbar machen. Obwohl die Rohfaser praktisch nicht als Nährstoff verwertet werden kann, hat sie zumindest Einfluss auf die Absonderungen der Verdauungsdrüsen und den beschleunigten Transport des Darminhaltes. Weiterhin ist anzunehmen, dass unverdauliche Ballaststoffe dem Vogel ein Gefühl der Sättigung und damit physiologisches Wohlbehagen bereiten. Auf jeden Fall ist für viele Vögel wie Trappen, Rauhfußhühner und Strauße ein bestimmter Rohfaseranteil im Futter notwendig.

Obst und Gemüse sind natürliche Vitaminträger und gut als Vogelfutter geeignet.

Vitamine

Vitamine sind organische Verbindungen, die für den tierischen Organismus lebensnotwendig sind. Sie werden mit dem Futter aufgenommen oder können durch Bakterien im Verdauungstrakt gebildet werden, allerdings nur bei Vögeln, die über gut ausgebildete Blinddärme verfügen. Aufgrund ihrer Lösbarkeit lassen sich die Vitamine in fett- (A, D, E und K) und wasserlösliche (B-Komplex und C) einteilen. Jedes einzelne Vitamin hat im Organismus eine bestimmte Aufgabe zu erfüllen. Das vollständige Fehlen eines jeden Vitamins hat deshalb typische Ausfallerscheinungen zur Folge. Solch extreme Mangelsituationen (Avitaminosen) sind aber bei normaler Fütterung äußerst selten. Unterversorgung mit einzelnen Vitaminen (Hypovitaminosen) kommt allerdings häufiger vor. Diagnostisch sind diese Hypovitaminosen schwer zu erfassen, weil die typischen Ausfallerscheinungen einer Avitaminose fehlen. Der Verdacht auf eine Hypovitaminose ergibt sich aus der Beobachtung von Entwicklungsstörungen, erhöhter Infektanfälligkeit und unspezifischen Tierverlusten.

Die Sicherung einer optimalen Vitaminversorgung ist schwierig, weil weder über den Vitamingehalt im Futter noch den spezifischen

Hinweis!

Unzureichende Vitaminversorgung der Elterntiere kann erhöhte Anfangsverluste und Entwicklungsstörungen bei der Nachzucht verursachen.

Hinweis!

Einige Vögel, wie der Wellensittich, reagieren auf ein Überangebot frischer pflanzlicher Kost mit Durchfall, der natürlich als äußeres Zeichen einer Verdauungsstörung zu werten ist. Es ist dann ratsam, die Gabe von frischem Grün zu reduzieren.

Bedarf aller Vögel ausreichend Informationen vorliegen.

Grundsätzlich müssen alle Vögel auf Grund ihres intensiven Stoffwechsels ständig ausreichend mit Vitaminen versorgt werden. Dies gilt vor allem für Zeiten, in denen besondere Leistungen vollbracht werden müssen. Hierbei steht das Wachstum an erster Stelle. Vitaminmangelzustände sind deshalb besonders häufig bei jungen Tieren zu beobachten. Dabei ist zu bedenken, dass ein Vitamindefizit bereits auf die Elterntiere zurückgehen kann, da zwischen Vitamingehalt im Ei ("Reserveorgan" des heranwachsenden Kükens, dem Dottersack und der Leber) und dem Vitaminangebot im Futter ein unmittelbarer Zusammenhang besteht.

Der Vitaminbedarf von Vögeln steht in engem Zusammenhang mit der Intensität ihres Stoffwechsels. Erhöht sich dieser, benötigen die Vögel auch mehr Vitamine. In diesem Zusammenhang sind die Mauser, die Brut, das Wachstum und eine Vielzahl von Faktoren zu nennen, die unter dem Begriff Stress (ungünstige Klimafaktoren, Transport, Umgewöhnung usw.) zusammengefasst werden können.

Letztlich kann auch die Haltung des Vogels den Vitaminbedarf beeinflussen. So nehmen beispielsweise Wellensittiche durch Kotfressen (Koprophagie) Vitamin B 12 auf. Fehlt diese Möglichkeit, weil die Tiere auf Drahtböden gehalten werden, kann das durchaus zu entsprechenden Mangelerscheinungen führen.

Frische Trauben sind ein Leckerbissen – nicht nur für Kanarien.

Wegen der vielen Faktoren, die den Vitaminbedarf des Vogels verändern, und dem schwer einzuschätzenden Vitamingehalt der Nahrungsobjekte ist die Sicherung einer vollwertigen Vitaminversorgung durchaus schwierig. Auch wenn Mangelsymptome ausbleiben, ist dies nicht immer gleichbedeutend mit einer optimalen Versorgung. Wichtig ist aber auch, dass die Vitamine A und D versehentlich überdosiert werden können, weil sie aufgrund ihrer Fettlöslichkeit im Körpergewebe gespeichert werden.

Für die Vitaminversorgung des Vogels bieten sich natürliche Vitaminträger und zur Ergänzung dieses Angebotes synthetisch hergestellte Produkte an. Natürliche Vitaminlieferanten sind vor allem junge Pflanzenteile (Knospen und Keime), Wurzeln, Beeren und Früchte. Neben ihrem Gehalt an Vitaminen besitzen Futtermittel pflanzlichen Ursprungs ätherische Öle, antibiotisch wirkende Substanzen, Gerb-, Bitter- und Ballaststoffe. Sie haben allesamt eine Bedeutung für die

Regulation der Verdauungsvorgänge. Ein bei vielen Vogelhaltern beliebter natürlicher Vitaminträger ist das Keimfutter. Es ist für viele Körnerfresser unerlässlich, weil mit der ausschließlichen Verfütterung trockener Sämereien die Vitaminversorgung nicht gewährleistet ist. Auch in freier Natur fressen Körnerfresser Samen im grünen, halbreifen oder bereits angekeimten Zustand.

Neben den natürlichen Vitaminträgern werden heute allgemein auch synthetisch hergestellte Vitamine in der Vogelfütterung eingesetzt. In ihrer chemischen Zusammensetzung, Struktur und Wirkung entsprechen sie den natürlichen Vitaminen. Insoweit besteht zwischen den natürlichen und synthetischen Vitaminen kein Unterschied. Der Vorteil der synthetischen Vitamine liegt darin, dass sie in standardisierter, konzentrierter Form vorliegen. Zudem sind Präparate auf dem Markt, die speziell auf die Bedürfnisse des Wirtschaftsgeflügels und der Ziervögel ausgerichtet sind. In diesen Präparaten sind die einzelnen Vitamine in den speziell benötigten Mengenverhältnissen vorhanden und wirken so am günstigsten.

Hinweis!

In der Vogelhaltung sind synthetische Vitaminpräparate zur Komplettierung des Futters besonders bei Stress, Krankheit oder besonderen Leistungen (Brut, Wachstum, Mauser) grundsätzlich empfehlenswert. Allerdings kann dadurch niemals eine mangelhafte Fütterung ausgeglichen werden.

Synthetische Vitamine werden in Pulverform, in wässriger und in öliger Lösung angeboten. Letztere belasten durch ihren Fettgehalt die Verdauungsorgane und werden deshalb vor allem von kleinen Vögeln schlecht vertragen. Synthetische Vitamine lassen sich dem Futter beimischen oder im Trinkwasser lösen. Die Verabreichung über das Futter setzt voraus, dass das Vitamin an dem Futter haftet oder sich mit diesem dauerhaft vermischen lässt. Über das Trinkwasser lassen sich alle wasserlöslichen Präparate verabreichen. Um den Vitaminzerfall durch Lichteinwirkung zu verzögern, sollten lichtundurchlässige Kunststoff- oder braun eingefärbte Glastrinkgefäße verwendet werden. Vögeln, die ihre Nahrung verschlingen, können Vitaminkapseln oder Dragees auch im Futter (zum Beispiel Fisch) versteckt werden.

Exakte Dosierungen sind über die Injektion zu erreichen. Der Vorteil dabei besteht einerseits darin, dass die Wirkung rasch eintritt, andererseits können dem Vogel auch dann noch Vitamine zugeführt werden, wenn die Resorption über den Verdauungskanal, beispielsweise durch eine Darmentzündung, gestört ist. Die Injektion bleibt dem Tierarzt vorbehalten, weil die unsachgemäße Handhabung dieser Präparate Gesundheitsschäden oder gar den Tod des Vogels nach sich ziehen kann.

Das breite Vorkommen der Vitamine in der für den frei fliegenden Vogel erreichbaren Nahrung garantiert im allgemeinen eine ausreichende Versorgung. Allerdings wird dieser in freier Natur übliche Zustand unter den besonderen Bedingungen der Haltung in Menschenobhut kaum erreicht. Häufig sind Futtermittel überlagert, was Vitaminverlust mit sich führt, oder das Nahrungsangebot ist zu einseitig.

Fettlösliche Vitamine

Dazu gehören die Vitamine A, D, E und K. Fettlösliche Vitamine sind licht- und sauerstoffempfindlich; außerdem werden sie durch ranzige Fette (zum Beispiel überlagerte Sonnenblumen- und Erdnusskerne) zerstört.

Vitamin A

Vitamin A (Retinol) ist nur in Nahrung tierischer Herkunft enthalten. Einen besonders hohen Gehalt an Vitamin A hat die Leber. Hier wird Vitamin A gespeichert und diese Reserven gewährleisten, dass Mangelsituationen über einen größeren Zeitraum ohne Leistungseinbußen überbrückt werden können. Aufgrund dieser Speicherfähigkeit ist ein gelegentlicher Vitamin A-Stoß sinnvoll, weil so der Speicher gefüllt und einer Unterversorgung über einen längeren Zeitraum vorgebeugt wird.

Pflanzen enthalten Provitamine (Carotine, Carotinoide), die in der Dünndarmschleimhaut des Vogels sehr effektiv zur Bildung von Vita-

Vitamin A	
Funktion	Schützt die Schleimhäute, beeinflusst die Eiweißsynthese (das Wachstum).
Mangelerscheinungen	Veränderungen (Verhornung) an den Schleimhäuten, dadurch Augen-, Nasenausfluss; Verminderung der Widerstandskraft gegenüber Parasiten und Infektionen; Schluckbeschwerden infolge von Speicheldrüsenzysten, Nieren- und Eingeweidegicht; negative Beeinträchtigung der Befruchtung und der Schlupfergebnisse; Befiederungsstörungen bei Jungtieren.
Vorbeugung	Verfütterung grüner Pflanzenteile und frisch geernteter Sämereien; einseitige Fütterung vermeiden. Gelegentliche Vitamin A-Gaben (5000-8000 I.E kg/KM/Tag). **Vorsicht:** Vitamin A kann überdosiert werden, die Symptomatik ähnelt der eines A-Mangels.

min A verwertet werden. Die Provitamine frischer Pflanzenteile werden bei Lagerung und Trocknung durch die Einwirkung von Sauerstoff und ultraviolettem Licht bald wirkungslos. Körnerfresser leiden deshalb häufiger an Vitamin A-Mangel; gelegentliche Vitamingaben sind deshalb von Nutzen. Carotinoide verleihen auch dem Schnabel, dem Gefieder und dem Eidotter der Vögel ihre typische Farbe. Bekannte Carotinoide sind Alpha- und Beta-Carotin, Lutein, Zeaxanthin sowie Lycopin. Diese Carotinoide können dem Vogel über Karotten, Mais, Paprika, Rote Beete und Kürbis zugeführt werden.

Vitamin D-Gruppe

Zu der Vitamin D-Gruppe zählen D 2, D 3 und einige Provitamine, die unter UV-Einstrahlung zu Vitamin D 3 umgewandelt werden. Unter den Vertretern der Vitamin D-Gruppe hat Vitamin D 3 bei den Vögeln die stärkste Wirkung. Dagegen kann Vitamin D 2 von ihnen kaum genutzt werden. Vitamin D 3 steht im Wechselspiel mit dem Kalzium- und Phosphorgehalt des Futters; ist dieser mangelhaft oder steht er in einem ungünstigen Verhältnis, steigt der Bedarf an Vitamin D 3.

Ein Vitamin D-Mangel führt bei Jungtieren zu Rachitis (mangelhafte Einlagerung von Kalk in die Knochensubstanz), bei älteren Tieren zur Osteomalazie (Entmineralisierung der Knochen). Typisch sind verdickte Gelenke und die Verformung (Verbiegung) Gewicht tragender Röhrenknochen.

Therapeutische Gaben von Vitamin D 3 werden unterstützt durch einen ausgewogenen Kalzium- und Phosphorgehalt (2 : 1) in der Nahrung sowie

Ein Mangel an Kalzium und/oder Vitamin D 3 während des Wachstums führt zu Rachitis, die besonders bei handaufgezogenen Papageien diagnostiziert wird.

Vitamin D-Gruppe

Funktion	Regulation des Kalzium-Phosphorstoffwechsels; Ausbildung und Erhalt der Knochensubstanz.
Mangelerscheinungen	Rachitis bei Jungtieren, Osteomalazie bei Alttieren, verzögertes Wachstum, schlechtes Allgemeinbefinden; dünn- und weichschalige Eier, schlechter Schlupf.
Vorbeugung	Sonnenlicht (Vermeidung ganzjähriger Haltung hinter Glas), Gaben von Vitamin D 3 (5000 I.E. kg/KM/Tag). Vorsicht: Vitamin D 3 kann überdosiert werden!

durch ungefilterte UV-Einstrahlung (direktes Sonnenlicht, Fensterglas absorbiert UV-Licht!).

Vitamin E

Als Vitamin E sind verschiedene Tocopherole wirksam, die in Ölsamen, keimendem Getreide und grünen Pflanzen vorhanden sind. Der Bedarf an diesen Substanzen ist bei Vögeln höher als bei Säugetieren. Vitamin-E-Mangelerscheinungen sind dennoch relativ selten. Sie können dort auftreten, wo eine einseitige Fütterung mit überlagerten Sämereien erfolgt. Äußere Anzeichen eines Vitamin-E-Mangels sind Muskelveränderungen mit fortschreitender Bewegungsbeeinträchtigung (Ente), Gleichgewichtsstörungen, Fehlpicken und Kopfverdrehen (Paradiesvogel) und Lahmheiten (Ara, Graupapagei, Edelpapagei, Storch). Vitamin E hat zudem Auswirkungen auf den Geschlechtstrieb und die Fortpflanzung, weil ein Mangel die Embryonalentwicklung stört und die Entwicklung und Lebensfähigkeit der Jungtiere negativ beeinflusst.

Vitamin E	
Funktion	Schutz fettlöslicher Vitamine und fettreicher Zellstrukturen durch antioxidative Wirkung.
Mangelerscheinungen	Muskelschäden, Lahmheiten; Veränderung am Gefäß- und Nervensystem, dadurch unkoordinierte Bewegungen und Kopfverdrehen (häufig bei Fischfressern und Paradiesvögeln); struppiges Gefieder bei Jungvögeln, Brutunlust, gestörte Embryonalentwicklung und schlechte Schlupfergebnisse.
Vorbeugung	Gaben von grünen Pflanzenteilen und synthetischen Vitaminträgern (25-40 mg/kg KM/Tag). Ranzige ölhaltige Sämereien sowie Fisch- und Fleischmehle provozieren einen Vitamin-E-Mangel und dürfen deshalb nicht verfüttert werden.

Vitamin K

Vitamin K kommt in der Natur in zwei Formen vor. Vitamin K 1 ist in Pflanzen zu finden, K 2 wird durch Darmbakterien synthetisiert. Außerdem gibt es industriell hergestellte Stoffe mit Vitamin-K-Wirkung, wie beispielsweise das Vitamin K 3 (Menadion). Bei Vögeln ist die bakterielle Erzeugung von Vitamin K im Darm allgemein gering.

Ein Doppelbandrennvogel sucht in Elefantendung nach Insekten. Dabei nimmt er in geringen Mengen auch wertvolle Vitamine auf.

Deswegen leiden sie rasch an einem Vitamin-K-Mangel, dem durch prophylaktische Gaben entgegengewirkt werden sollte. Eingesetzt werden sollte das Vitamin K 1 (1–5 mg/kg KM/Tag), da bei Vitamin K 3 in jüngster Zeit eine toxische Wirkung diskutiert wird; der Einsatz von Menadion ist deshalb als Zusatz in der Lebensmittelindustrie verboten.

Vitamin K	
Funktion	Zentrale Beteiligung an der Blutgerinnung, deshalb auch Blutgerinnungs-Vitamin genannt.
Mangelerscheinungen	Verzögerung der Blutgerinnung, dadurch Blutungen in den Geweben des Körpers.
Vorbeugung	Grüne Pflanzenteile, Keimfutter, Vitamin-K-1-Gaben (besonders bei reinen Fruchtfressern und lang andauernden Tetracyclin- beziehungsweise Sulfonamidgaben).

Wasserlösliche Vitamine

Die wasserlöslichen Vitamine (B-Komplex und Vitamin C) sind ein wesentlicher Bestandteil der Enzyme und Fermente, die als Biokatalysatoren am Kohlenhydrat-, Fett- und Intermediärstoffwechsel beteiligt sind. Deshalb verursacht bereits ein kurzfristiger Mangel Leistungsminderungen. Im Gegensatz zu den fettlöslichen Vitaminen können die wasserlöslichen nur in geringem Umfang gespeichert werden. Es muss deshalb eine ständige ausreichende Versorgung gewährleistet sein, vor allem zu Zeiten der Zucht und des intensiven Wachstums der Brut. Hierzu eignen sich Vitamin B-Komplex-Gaben in der allgemeinen Dosierung 1–3 mg/kg KM/Tag, welche sich nach der des Vitamin B-1-Gehalts von 5 mg/kg KM/Tag richtet.

Vitamin B 1

Vitamin B 1 nimmt als Fermentbestandteil (Carboxylase) eine zentrale Stellung beim Abbau der Kohlenhydrate ein. Aus diesem Grund steigt der Bedarf mit der Gabe von kohlenhydratreichen Futterrationen und mit zunehmender Intensität des Stoffwechsels. Durch den hohen Energiestoffwechsel während der Zugzeit und dem damit einhergehenden starken Kohlenhydratabbau sind deshalb B-1-Mangelsymptome mitunter auch bei Zugvögeln zu beobachten. Vitamin B 1 (Thiamin) ist reichlich in der Keimanlage von Getreidekörnern, in Hefe, Nüssen und Hülsenfrüchten enthalten. Ein Vitamin B-1-Mangel ist bei vielseitiger Fütterung nicht zu erwarten, bei der Gabe von geschälten Körnern (Getreideprodukten) jedoch möglich.

Äußere Anzeichen eines Thiaminmangels sind Bewegungsstörungen, Krämpfe und Lähmungen. Besonders typisch sind der rückwärts gebogene Hals und Kopf.

Vitamin B 1-Mangelzustände sind beim Vogel nicht selten; die häufigsten Symptome sind Krämpfe in der Halsmuskulatur, Lähmungen in den Beinen und ein rückwärts gebogener Kopf.

Vitamin B 1	
Funktion	Beteiligung am Kohlenhydratstoffwechsel.
Mangelerscheinungen	Nervöse Störungen, Krämpfe, Muskelschwäche, die auch den Muskelmagen betreffen kann (Sperlingsvögel, Fisch- und Fleischfresser sind besonders häufig betroffen). Lähmungen eines oder beider Ständer beim Wellensittich.
Vorbeugung	Verfütterung grüner Pflanzenteile, Keimfutter und Hefe. Vitamin B-Komplex-Gaben.

Vitamin B 2

Vitamin B 2 ist unmittelbar eingebunden in die Energiegewinnung, den Eiweißstoffwechsel und den Auf- und Abbau der Fettsäuren.

Vitamin B-2-Mangel führt deshalb rasch zu Wachstumsverlangsamung oder -stillstand. Außerdem treten typische Beinschäden in Form von angeschwollenen Fersengelenken und gekrümmten Zehen (Faustbildung) auf. Reich an Vitamin B 2 sind alle tierischen Eiweißfuttermittel, Weizenkeime, Grünfutter und Hefe.

Vitamin B 2	
Funktion	Beteiligung an der Energiegewinnung, dem Eiweißstoffwechsel und dem Auf- und Abbau von Fettsäuren.
Mangelerscheinungen	Wachstumsverlangsamung oder -stillstand. Muskeldegeneration, Beinschäden (Zehenverkrümmung, erhöhte Embryonensterblichkeit). Gefiederfarbstoffmangel (beim Nymphensittich), Lockerung der Federstruktur.
Vorbeugung	Verfütterung grüner Pflanzenteile, von Keimfutter und Hefe. Vitamin B-Komplex-Gaben.

Vitamin B 6

Vitamin B 6 ist in zahlreiche Enzyme eingebunden, die für den Aminosäurestoffwechsel von Bedeutung sind. Ein Mangel führt deshalb zu einem verminderten Eiweißaufbau und damit zu verzögertem Wachstum. Vitamin B 6 ist in der Nahrung des Vogels allgemein weit verbreitet und reichlich enthalten, so dass Defizite selten sind.

Da der Bedarf an B 6 während der Wachstumsphase besonders hoch ist, sind Jungtiere am ehesten von einem Mangel betroffen. Vordergründig sind hierbei Blutarmut, Wachstumsverzögerung, zentralnervöse Störungen (Krämpfe) und mitunter Kropferweiterungen zu beobachten.

Vitamin B 6	
Funktion	Beteiligt am Aminosäurestoffwechsel.
Mangelerscheinungen	Rückgang der Schlupfrate, Wachstumsverzögerung, zentralnervöse Störungen (Krämpfe), Blutarmut, erhöhte Infektanfälligkeit.
Vorbeugung	Grünfutter, frische Sämereien, Hefe, Vitamin B-Komplex-Gaben.

Vitamin B 12

Die biochemischen Funktionen dieses Vitamins sind noch nicht restlos aufgeklärt. Die Auswirkungen eines Mangels sind eine erhöhte Embryonalsterblichkeit und damit verbunden eine verminderte Schlupfrate, Wachstumsverzögerung und eine überdurchschnittliche Kükensterblichkeit. Einige Vögel, zum Beispiel Wellensittiche und Hühnervögel, nehmen Vitamin B 12 durch Koprophagie (Fressen von Kot) auf.

Vitamin B 12	
Funktion	Beteiligt an zahlreichen Biosynthesen.
Mangelerscheinungen	Anämie (Blutarmut), Wachstumsdepression, erhöhte Embryonalsterblichkeit, Schleimhautschäden im Muskelmagen, Begünstigung von Fersenveränderungen – der Perosis – und des Federfressens bei Hühnervögeln.
Vorbeugung	Lang andauernde Antibiotika- und Sulfonamidgaben vermeiden.

Pantothensäure

Die Pantothensäure ist eingebunden in den Abbau von Kohlenhydraten, Fett- und Aminosäuren; zudem spielt sie eine zentrale Rolle bei zahlreichen Biosynthesen. Mangelzustände sind deshalb mit Wachstumsdepression und verminderter Widerstandskraft gegenüber Infektionen verbunden. Weitere sichtbare Merkmale sind Hautveränderungen (besonders im Schnabelwinkel und an den Lidrändern) und Befiederungsschäden. Im Organismus findet sich die Pantothensäure besonders reichlich in der Leber, wo sie gespeichert wird..
Pantothensäure ist in den meisten Futtermitteln ausreichend enthalten. Hohe Werte weisen die Hefe und die Schalen der Getreidekörner auf.

Pantothensäure	
Funktion	Beteiligung am Fett-, Eiweiß- und Kohlenhydratstoffwechsel.
Mangelerscheinungen	Wachstumsdepression, Infektanfälligkeit, Haut- und Befiederungsstörungen.
Vorbeugung	Hefe, Grünfutter, nicht entspelztes Getreide, Vitamin B-Komplex-Gaben.

Nikotinsäure

Nikotinsäure ist beteiligt am Ab- und Aufbau von Fettsäuren, Kohlenhydraten und Aminosäuren. Nikotinsäure kann der Organismus im endogenen Stoffwechsel aus der essentiellen Aminosäure Tryptophan bilden; ein Mangel ist bei guter Eiweißversorgung selten. Eine Nikotinsäure-Unterversorgung zeigt sich durch Wachstumsverzögerung, verminderte Legetätigkeit, herabgesetzte Schlupfrate und eine mangelhafte oder schlechte Befiederung. Puten-, Enten- und Gänseküken zeigen zudem perosisähnliche Symptome (Beinveränderungen).

Nikotinsäure	
Funktion	Beteiligung am Fett-, Kohlenhydrat- und Eiweißstoffwechsel.
Mangelerscheinungen	Wachstumsverzögerung, verminderte Legetätigkeit, herabgesetzte Schlupfrate, mangelhafte Befiederung; perosisähnliche Symptome.
Vorbeugung	Grüne Pflanzenteile, tierisches Eiweiß, Vitamin B-Komplex-Gaben.

Folsäure

Die Folsäure ist vor allem für den Eiweißstoffwechsel und den Aufbau der roten Blutkörperchen verantwortlich. Dieser Aufgabe entsprechend ist bei einem Defizit mit Wachstumsstörungen und Anämie zu rechnen.

Zudem werden Pigmentstörungen des Gefieders, mangelhafte Schlupfergebnisse, eine erhöhte Embryonalsterblichkeit, Beinveränderungen (Perosis) und Kreuzschnabelbildung beschrieben.

Folsäure	
Funktion	Beteiligt am Eiweißstoffwechsel und vielen anderen biosynthetischen Reaktionen.
Mangelerscheinungen	Wachstumsstörungen, Blutarmut, verminderte Schlupfquote, Pigmentstörungen im Gefieder, Beinschäden und Kreuzschnabelbildung.
Vorbeugung	Hefe, Grünfutter und Vitamin B-Komplex-Gaben.

Nestlinge erhalten über den Magen- und Darminhalt der Futtertiere auch pflanzliche Nahrungsbestandteile und damit Vitamine.

Biotin

Biotin spielt eine bedeutende Rolle in der Fettsäuresynthese und ist beteiligt an vielen anderen biosynthetischen Reaktionen. Ein Mangel ist gekennzeichnet durch Wachstumshemmung, trockene, schuppige Haut – besonders auffallend an den Zehen und Ständern – sowie am Schnabelwinkel. Biotin ist in Hefe und Getreidesamen besonders reichlich enthalten. Ein Teil des Biotinbedarfs wird bei Vögeln im Darm durch Mikroorganismen erzeugt. Ein Abtöten dieser Keime in Folge einer Antibiotikatherapie kann deshalb zu einem Biotindefizit führen.

Biotin	
Funktion	Fettsäuresynthese, Beteiligung an vielen biosynthetischen Reaktionen.
Mangelerscheinungen	Wachstumshemmung, trockene Haut, borkige Veränderungen an Ständer und Zehen sowie am Schnabelwinkel (nicht mit Milbenbefall verwechseln!).
Vorbeugung	Hefe, Keimfutter und Vitamin B-Komplex-Gaben. Ergänzende Gaben von Biotin während des Einsatzes von antibiotischen Substanzen.

Cholin

Cholin hat im Stoffwechselgeschehen vielseitige Aufgaben; insbesondere ist es für den Fettaustausch zwischen Leber und Fettgewebe verantwortlich; ein Cholin-Mangel verursacht deswegen Funktionsstörungen der Leber aufgrund vermehrter Fettablagerung (Fettlebersyndrom). Cholin findet sich reichlich in Hefe, tierischem Eiweiß und anderen Futterstoffen (frischem Getreide, Grünfutter), die sich allgemein durch einen höheren Gehalt an Vitaminen der Gruppe B auszeichnen.

Cholin	
Funktion	Beteiligung am Fettstoffwechsel und der Reizübertragung im Nervensystem.
Mangelerscheinungen	Funktionsstörungen der Leber infolge Fettablagerung (Fettlebersyndrom).
Vorbeugung	Vitamin B-Komplex-Gaben, Hefe, frisches Getreide, tierisches Eiweiß.

Vitamin C

Von einer Zufuhr von Vitamin C sind Vögel allgemein unabhängig, weil sie in der Lage sind, dieses aus Einfachzuckern in der Leber und Niere zu synthetisieren. Unabhängig davon wird bei Nektar- und Fruchtfressern mitunter ein Vitamin C-Mangel infolge von Funktionsstörungen der Leber vermutet. Die Eigensynthese von Vitamin C kann bei hohen Belastungen (Stress, hohe Umgebungstemperaturen, Transport, Infektionen und ähnlichem) gestört sein. In solchen Situationen können zusätzliche Gaben von Vitamin C (50–100 mg/kg KM/Tag) nützlich sein.

Mineralstoffe

Mineralstoffe sind die unverbrennbaren Bestandteile eines Futtermittels: Auf manchen Nahrungsmittel-Verpackungen wird ihr Gehalt auch unter dem Stichwort "Asche" angegeben. Mineralstoffe sind lebensnotwendig und müssen deshalb im Nahrungsangebot enthalten sein. Entsprechend ihrem Anteil im Tierkörper und der Höhe ihres Bedarfes werden die Mineralstoffe in Mengen- und Spurenelementen eingeteilt. Nach dem derzeitigen Erkenntnisstand sind 22 Elemente lebensnotwendig. Die Mineralstoffe sind am Aufbau des Skelettes sowie an verschiedenen Stoffwechsel- und Verdauungsvorgängen beteiligt. Sie sind Bestandteil des Blutes und einer Reihe von Fermenten und spielen bei der Regelung des osmotischen Zelldruckes, also beim Austausch von Flüssigkeit zwischen den einzelnen Körperzellen, eine bedeutende Rolle.

Zebrafinken zeigen ihrer Herkunft entsprechend eine Vorliebe für Grassamen.

Der Mineralstoffbedarf ist bei den Nutzgeflügelarten sehr exakt erforscht. Dementsprechend werden anorganische Elemente dem Futter zugefügt. Auf dem Gebiet der Ziervogelhaltung weiß man hingegen wenig über die genauen Bedürfnisse der Tiere. Auffällig sind Verhaltensweisen des Karmingimpels, der sich besonders zur Brutzeit an Stellen einfindet, wo Salz aus dem Boden tritt. Weiterhin findet man diesen Vogel dort, wo Fische gesalzen werden. Sind solche mineralsalzhaltigen Orte in einem Gebiet nur spärlich vorhanden, so versammeln sich dort die Karmingimpel zu Tausenden. Auch Papageien nehmen zur Deckung ihres Mineralstoffbedarfes mineralhaltige Erde auf. Genutzt werden die so genannten „Barreiros“, Stellen, an denen mineralhaltige Erde offen zu Tage tritt. Einige Kolibriarten suchen den Boden nur während der Mauser und vor der Eiablage auf, also zu Zeiten eines erhöhten Bedarfes an Mineralien. Dieses Verhalten ist bemerkenswert, weil diese Vögel sonst den Boden meiden.

Die wenigen Beispiele zeigen, dass frei lebende Vögel zur Brutzeit und Mauser ihre Verzehrgewohnheiten ändern, um auf diese Weise den erhöhten Bedarf an Mineralien zu decken. Insoweit bestehen eigenständige Regulationsmechanismen, durch die der Vogel seinen im Jahreslauf wechselnden Bedarf an Mineralien jeweils angemessen befriedigen kann. Die vielfältigen in freier Natur gegebenen Möglichkeiten fehlen dem Vogel in Menschenobhut. Es ist aber vielfach festzustellen, dass ersatzweise gereichte Mineralstoffmischungen zur Brutzeit und Mauser vermehrt angenommen und situationsgerecht genutzt werden. Die Gabe von Mineralien zu Zeiten besonderer Leistungen ist deshalb anzuraten.

Mengenelemente

Mengenelemente sind mit mehr als 50 mg pro kg Körpergewicht vertreten. Zu ihnen zählen Kalzium, Phosphor, Magnesium, Kalium, Chlor und Schwefel.

Kalzium

Kalzium wird in großen Mengen in der Knochensubstanz und der Eischale eingelagert; ein erhöhter Bedarf ist deshalb während des Wachstums und der Brutzeit gegeben. Ein Kalzium-Mangel führt beim wachsenden Vogel zu Rachitis. Dieser Umstand wird begünstigt, wenn neben einem Kalziumdefizit gleichzeitig eine Unterversorgung mit Phosphor und/oder Vitamin D vorliegt.

Kalzium	
Funktion	Beteiligung am Skelettaufbau und der Eischalenbildung.
Mangelerscheinungen	Rachitis, dünnschalige Eier, Lahmheiten (vor allem bei Tauben und Papageien).
Vorbeugung	Bereitstellung von Mineralstoffmischungen, ausreichendes Angebot von Vitamin D 3; Sonnenlicht (Bildung von Vitamin D aus Vorstufen) Kalzium-Phosphor-Verhältnis im Futter von 2 : 1.

Phosphor
Phosphor ist am Aufbau der Knochen beteiligt und zur Regulierung verschiedener Stoffwechselvorgänge erforderlich. Enge Wechselbeziehungen bestehen zum Kalzium; ein Mangel an einem oder beiden Elementen oder ein ungünstiges Mengenverhältnis zueinander führt beim wachsenden Vogel zu einer mangelhaften Verkalkung der Knochen (Rachitits). Bei ausgewachsenen Vögeln kommt es in Mangelsituationen oder bei einem unausgeglichenen Verhältnis von Kalzium und Phosphor in der Nahrung zum Abbau der Knochensubstanz, der so genannten Osteomalazie.

Phosphor	
Funktion	Skelettaufbau, Beteiligung an vielen Stoffwechselvorgängen.
Mangelerscheinungen	Rachitis, Osteomalazie, Rückgang des Futterverzehrs; Wachstumsstillstand und hohe Verluste.
Vorbeugung	Mineralstoff- und Vitamin D-Gaben; einseitige Fütterung von Getreide (kalziumarm) vermeiden.

Natrium, Kalium und Chlor

Die Funktionen dieser drei Elemente liegen eng beieinander, da Na-, K- und Cl-Ionen den osmotischen Druck der Zellen und den der Körperflüssigkeit regulieren. Chlor ist zudem Bestandteil der im Magen enthaltenen Salzsäure, die an den Verdauungsvorgängen beteiligt ist. Ähnlich wie bei Kalzium und Phosphor steht auch der Stoffwechsel von Natrium und Chlor in einer engen Wechselbeziehung. Besonders günstige Resorptionsverhältnisse, und damit eine optimale Verwertung beider Elemente, sind bei einem annähernd ausgeglichenen Mengenverhältnis beider Elemente im Nahrungsangebot gegeben.

Natrium in Verbindung mit Chlor ist jedermann als Kochsalz bekannt; in dieser Verbindung wirkt es bei Vögeln rasch toxisch. Äußere Anzeichen sind Durchfall, Krämpfe und Benommenheit: Papageien zeigen erste Symptome bereits bei einem Kochsalzgehalt des Futters ab 0,8 %.

Natrium, Kalium und Chlor	
Funktion	Chlor ist im Magensaft als Salzsäure (HCl) enthalten und darüber an der Verdauung beteiligt.
Mangelerscheinungen	Verdauungsstörungen, verringertes Wachstum, bei Geflügel Kannibalismus.
Vorbeugung	Mangel ist selten; **Vorsicht:** Kochsalzgaben wirken bei Vögeln rasch giftig!

Schwefel

Der Schwefel hat sein Hauptvorkommen in den Federn und anderen Horngebilden der Haut. Es kann daher nicht überraschen, dass besonders während der Mauser viel Schwefel vom Vogel benötigt wird. Als Quelle dienen hauptsächlich schwefelhaltige Aminosäuren (Methionin, Lysin und Cystin), die besonders reichlich im tierischen Eiweiß, weit weniger in pflanzlicher Nahrung, enthalten sind. Der hohe Gehalt an schwefelhaltigen Aminosäuren ist der tiefere Grund dafür, dass viele Vögel während des Federwechsels verstärkt Futter fressen, das tierisches Protein enthält.

Magnesium

Magnesium ist Bestandteil der Knochen, hat Bedeutung im neuromuskulären System und ist beteiligt am Stoffwechsel der Kohlenhydrate

Mineralien und Grit (Magensteinchen) ergänzen das Futterangebot – hier ein Obstsalat mit Beeren. Die hygienische Darreichung in separaten Näpfen gibt außerdem Hinweise über die Vorlieben Ihrer Pfleglinge.

und des Eiweißes. Der natürliche Gehalt der Futtermittel schließt eine Unterversorgung mit Magnesium allgemein aus.

Spurenelemente

Zu den Spurenelementen zählen Mangan, Eisen, Zink, Jod, Kupfer, Kobalt, Brom, Chrom, Molybdän, Selen und Vanadium. Diese sind mit weniger als 50 mg pro kg Körpergewicht vorhanden.

Mangan

Die biochemische Funktion von Mangan ist bis heute noch nicht in allen Einzelheiten geklärt. Als Bestandteil vieler Fermente spielt es im innersekretorischen System eine bedeutende Rolle. Ein Manganmangel ist mitverantwortlich für die Perosis (Fersenkrankheit), für die außerdem ein Vitamin D-3-, Cholin-, Biotin-, Nikotinmangel, eine unausgeglichene Ca- und P-Versorgung sowie extreme Eiweiß- und Maisfütterung verantwortlich gemacht werden können.

Skelettmissbildungen sind bereits während der embryonalen Entwicklung möglich, wenn infolge einer Manganmangelversorgung der Zuchttiere die Eier Mangan in unzureichender Menge enthalten. Ein weiteres Zeichen eines Mangandefizites ist eine Verminderung der Eischalenqualität, in deren Folge der Anteil an Brucheiern steigt und die Schlupffähigkeit vermindert sein kann.

Eisen

Eisen ist ein wesentlicher Bestandteil des rotes Blutfarbstoffs (Hämoglobin), dem eine bedeutende Rolle bei der Übertragung des Sauerstoffs zukommt. Außerdem spielt der Eisenstoffwechsel eine Rolle bei der Entstehung von Infektionskrankheiten. Nachgewiesen wurde diese Wechselbeziehung an Hühnern, deren Widerstandskraft gegenüber bestimmten Krankheitserregern durch zusätzliche Injektionen von Eisen-Dextran erhöht werden konnte. Wissenschaftliche Untersuchungen haben ergeben, dass manche Vögel – besonders Fruchtfresser – übermäßig viel Eisen in der Leber ablagern. Dies kann zu Funktionsstörungen führen, erdhaltige (eisenhaltige) Einstreu sollte deshalb bei diesen Gefiederten vermieden werden.

Zink

Zink ist wichtig für den Aufbau der Federn und die Fruchtbarkeit der Vögel. Entsprechend treten bei einem Zinkmangel Befiederungsstörungen auf. Die Federn sind dann brüchig und kräuseln sich. Außerdem deutet auch eine hohe Embryonensterblichkeit auf Zinkmangel hin. Allerdings sind Zink-Mangelerscheinungen äußerst selten, da Zink im Nahrungsangebot meist ausreichend enthalten ist.

Jod

Jod ist ein Bestandteil des Schilddrüsenhormons. Anfällig gegen eine Jodunterbilanz sind vor allem Wellensittiche. Dann entwickelt sich häufig eine Schilddrüsenvergrößerung, ein Kropf, der zu Atemnot und Schluckbeschwerden führen kann. Moderne Futtermischungen enthalten Jod-Zusätze, so dass derartige Mangelsituationen heute selten geworden sind.

Kupfer

Kupfer ist wie Eisen an der Bildung des roten Blutfarbstoffs beteiligt. Weiterhin ist Kupfer Bestandteil verschiedener Eiweißstoffe und Enzyme. Ein hoher Anteil an diesem Element ist in den Federn enthalten. Aus dieser Tatsache lässt sich auch ein großer Bedarf an Kupfer während der Mauser ableiten.

Kobalt

Kobalt ist Bestandteil des Vitamins B 12; eine ausreichende Kobaltzufuhr ist deshalb die Voraussetzung dafür, dass genügend funktionstüchtiges Vitamin B 12 im Organismus vorhanden ist.

Weitere Elemente

Zu den Spurenelementen, die nur äußerst selten in den defizitären Bereich geraten, zählen Brom, Chrom, Molybdän, Selen und Vanadium. Sie alle haben spezielle Funktionen im Stoffwechsel, werden aber an dieser Stelle nicht weiter besprochen. Der interessierte Leser kann sich darüber in der Spezialliteratur informieren.

Die allermeisten Vögel baden, ein Komfortverhalten, bei dem sie ihr Gefieder pflegen.

Wasser

Das Wasser ist ein lebensnotwendiger Bestandteil in der Ernährung des Vogels. Es fungiert als Lösungs- und Transportmittel für Nähr-, Mineral- und Wirkstoffe. Wegen der vielfältigen Aufgaben führt ein Wassermangel sehr rasch zu Leistungsminderung und Todesfällen. Weil ständig Wasser über Atemluft, Haut, Nieren und Darm ausgeschieden wird, ist die Möglichkeit, ständig Wasser oder im Winter zumindest Schnee und Eis zu sich nehmen zu können, für Vögel lebenswichtig. Eine Ausnahme hiervon machen nur einige Fleisch-, Fisch- und Fruchtfresser, die ihren Wasserbedarf über den hohen Feuchtigkeitsgehalt der Nahrung decken können.

Hinweis!

Allgemein gilt, dass Vögel aus einem vom Wasser geprägten Umfeld ein hohes Wasserbedürfnis besitzen, Arten aus Trockengebieten dagegen gehen mit diesem Element sehr ökonomisch um.

Letzlich sei angemerkt, dass Wasser – neben seiner ernährungsphysiologischen Bedeutung – eine wichtige Rolle für offensichtlich angeborene Verhaltensweisen spielt, die insgesamt die Funktionstüchtigkeit des Gefieders zum Ziel haben. Beispielsweise liebt fast jeder Vogel das Baden im Wasser!

Vogelfütterung in der Praxis

Rechte Seite: Frische Beeren sind auch für den Maskengimpel eine notwendige Nahrungsergänzung.

Die im vorigen Kapitel beschriebenen Nahrungsbestandteile sind in jedem Futtermittel in natürlicher Menge enthalten. Bei industriell hergestellten Nahrungsmitteln sind die Bestandteile entsprechend den natürlichen Mengen nachempfunden. Für die Ernährung der Vögel in Menschenobhut ist es wichtig, möglichst ein Nahrungsspektrum aus dem ursprünglichen Lebensraum des Vogels anzubieten, aus dem er wählen kann. Dies ist nicht immer durchführbar, weil bei uns nicht alle die Pflanzen und Tiere vorkommen, von denen sich die Vögel in anderen Teilen der Erde ernähren können. Aber auch bei uns sind inzwischen viele tropische Früchte erhältlich. Zudem können einheimische Pflanzen und Obst als gleichwertiger Ersatz verwendet werden.

Eine Karotte kann einen Nymphensittich sehr lange beschäftigen.

Welche Futtermittel gibt es?

Die breite Palette an Nahrungsmitteln, die wir unseren Vögeln anbieten können, wird im Folgenden dargestellt. Ob Exoten, Spezialisten oder auch die schon sehr lange von Menschen gehaltenen, mehr oder weniger leicht zu haltenden domestizierten Vögel wie Kanarien oder Wellensittiche: für alle gibt es abwechslungsreiche Futterzusammenstellungen, mit denen man den Bedürfnissen der Vögel gerecht werden kann. Sie gewährleisten, dass die Vögel gesund bleiben und sich erfolgreich fortpflanzen.

Pflanzliche Bestandteile

Die Vögel kennen ihre Futterpflanzen und wählen instinktiv von dem, was vorhanden ist und was sich für den Organismus in der entsprechenden Leistungs- oder Ruhephase am besten eignet. In der freien Natur besteht für alle Vögel ein vielfältiges, abwechslungsreiches Angebot, das sich vor allem durch seine Saisonalität auszeichnet. Vögel können beispielsweise Samenkörner in gequollenem oder ange-

Hinweis !

Artgerechte Vogelfütterung bedeutet:
- saisonales Angebot an Futterbestandteilen
- große Auswahl für die Versorgung mit allen wichtigen Nährstoffen
- Vögel sollen ihr Futter selbst suchen oder fangen können
- Bearbeitung des Futters sollte den Vögeln ermöglicht werden
- Futter und Fütterungszeiten den Ruhe- und Aktivitätsphasen anpassen

Ein überlanger Schnabel ist oft das Resultat einer nicht artgerechechten Ernährung.

keimten Zustand fressen, aber auch halbreif, reif oder trocken, je nachdem, was die Jahreszeit vorgibt. Neben Beeren und anderen Früchten dienen Rinde und Knospen als Bereicherung des Futtertisches.

Das Angebot in Menschenobhut ist nicht ganz so breit gefächert wie der Speisezettel frei lebender Vögel. Zudem ist die Art der Futtersuche und -aufnahme im Käfig oder in der Voliere eine andere als in der freien Natur. Gerade deshalb sollte man sich bemühen, seine Vögel möglichst artgerecht zu füttern. Dazu gehört neben der Versorgung mit arttypischer Nahrung auch ein gewisser Rhythmus im Fütterungsgeschehen, der der Natur nachempfunden ist. Unsere Pfleglinge sollten zu dem Zeitpunkt und auf die selbe Weise ihr Futter erhalten, wie sie es auch in der freien Natur aufnehmen. Das kann bedeuten, dass der Vogel hierfür „arbeiten“, also das Futter selbst sammeln, Sonnenblumensamen aus dem Blütenstand herausklauben oder Rapsschoten öffnen muss. Das sind von der Natur vorgegebene Beschäftigungen, die der Vogel beherrscht und für die er seinen speziell geformten Schnabel benutzt. Gerade bei Papageien ist die Beschäftigung mit dem Futter ein Teil ihres artgerechten und sozialen Verhaltens, wenn sie in großen Schwärmen ihre Futterplätze aufsuchen oder neue erschließen.

Wir sollten uns auch bemühen, die Gefiederten den Vegetationsphasen entsprechend zu versorgen: Für den Sommer also reichhaltiger mit frischen Pflanzen, Früchten, Samen und Gräsern; im Winter dagegen lediglich erhaltend, so dass der Organismus eine Ruhephase erhält. Dieser Rhythmus von Spannung und Entspannung, also Arbeit und Erholung, ja bis hin zu Hunger und Sättigung, umrahmt vom Wechsel zwischen Tag und Nacht, hat entscheidenden Einfluss auf den Stoffwechsel der Vögel und ist von ihrer „inneren Uhr“ vorgegeben. Das heißt, dass wir das Futter für unsere Vögel nicht das ganze Jahr über gleich gestalten dürfen.

Futterpflanzen

Das bekannteste Vogelfutter sind die Samen oder Dauerformen von Getreide, Hirsen, Gräsern, Hülsenfrüchten, Ölfrüchten oder Wildkräutern. Getreidearten sind wegen ihrer günstigen Nährstoffzusammensetzung für viele Vogelarten ein geeignetes Futter. Getreide stellt gewissermaßen die Grundlage für die Ernährung von Ziervögeln, Ziergeflügel und Papageien dar. Es ist als alleinige Nahrung sicher nicht ausreichend, aber es besitzt doch etliche gute Futtereigenschaften. Getreidesamen enthalten in konzentrierter Form relativ leicht verdauliche Nährstoffe. Als Dauerform der entsprechenden Pflanze zeichnen sie sich durch lange Haltbarkeit und geringe Ansprüche an Lagerbedingungen aus. Ihre Zubereitungsmöglichkeiten sind vielfältig. So lassen sie sich mühelos schroten, mahlen, pulverisieren, anfeuchten, quellen oder ankeimen. Getreidearten sind immer verfügbar und lassen sich beliebig mit Ergänzungsfutter mischen. Getreidekörner sind bei einem mittleren Eiweißgehalt relativ fettarm und kohlenhydratreich. Den Hauptnährwert bildet die Stärke aus dem Mehlkörper. Die Wertigkeit des Getreideproteins ist allerdings mäßig. Schalen und Spelzen bestehen aus der unverdaulichen Rohfaser. Der Mineralstoffgehalt des Getreides ist gering, vor allem muss der geringe Gehalt an Calcium erwähnt werden. Auch gibt es Unterschiede zwischen den verschiedenen Getreiden.

Weizen

Weizen dient nicht nur unserer Ernährung, sondern ist auch als Vogelfutter eine beliebte Körnerfrucht und weit verbreitet. Gegenüber anderen Getreidearten weist Weizen einen relativ hohen Eiweißgehalt auf. Beim Dreschen werden Korn und Spelzen getrennt; nackter Weizen ist rohfaserarm. Schwefel ist im Weizenkorn reichlich vorhanden. Da die wachsenden Federn organisch gebundenen Schwefel in hohem Maß benötigen, bietet sich der Weizen, auch aufgrund seines Eiweißgehaltes, als Mauser- und Wachstumsfutter an. Er wird in der Fütterung von Hühnern, Tauben, Puten und Gänsen eingesetzt, aber auch sehr gerne von Papageien, Sittichen, größeren Finkenarten und anderen Körnerfressern aufgenommen.

Hafer

Hafer besitzt im Vergleich zu anderen Getreidearten einen relativ hohen Anteil an Fett und ungesättigten Fettsäuren. Darüber hinaus zeichnet er sich durch eine gute Wertigkeit seines Eiweißes aus. Wegen dieser Eigenschaften und dem reichlichen Vorkommen der Aminosäuren Lysin und Cystin ist der entspelzte Hafer ein gutes Jungtier- und Mauserfutter.

Von allen Getreidearten hat Hafer den höchsten Rohfaseranteil und damit den relativ geringsten Nährstoffgehalt. Das gilt besonders für den häufig verfütterten kleinen flachkörnigen Hafer. Er wird gegenüber dem schweren vollkörnigen Hafer ungern gefressen. Die Spelzen können auch abgetrennt sein, wodurch wir den „Nackthafer“, „Lein-

Rechte Seite: Volles Programm für Wellensittiche – eine ganze Rispe Kolbenhirse.

hafer", „geschälten Hafer" oder die „Haferkerne" erhalten. Sie weisen nur noch einen geringen Rohfasergehalt und eine sehr günstige Nährstoffzusammensetzung und -konzentration auf. Den gleichen Erfolg in der Fütterung erzielt man auch mit Haferflocken.

Sieht man vom Rohfasergehalt ab, hat Hafer eine sehr günstige physiologische Wirkung, einen relativ hohen Fettgehalt, hochwertiges Eiweiß und viele Wirkstoffe. In entspelzter Form wird der Hafer von Wellensittichen, Papageien und anderen Körnerfressern geschätzt. Wegen seines hohen Energiegehaltes und geringen Rohfaseranteils kann er bei überwiegender Fütterung leicht zur Verstopfung führen.

Gerste

Bei uns befinden sich zwei Arten von Gerste im Handel: Zum einen die Braugerste mit etwas dickeren Körnern, deren Stärkegehalt höher, der Proteingehalt dagegen niedriger liegt als bei der Futtergerste mit ihren typischen flachen Körnern. Charakteristisch für die Gerste ist der hohe Anteil an Kohlenhydraten bei geringem Fettanteil – ein energiereiches, nicht belastendes Diätfuttermittel. Taubenzüchter setzen es (vor allem bei Brieftauben) als Ruhefutter im Winter ein, mit Spelzen auch als „Reinigungsfutter". Durch den Rohfaseranteil wird die Darmperistaltik angeregt, gleichzeitig verringert sich die Verdaulichkeit des Futters.

Das Gerstenkorn wird wegen seiner spitzen Form und seiner Härte von den Vögeln häufig nicht gern gefressen. Bei Verfütterung in Schrotform kann man dem aus dem Weg gehen. Auch durch Beimengung in Mischfuttermitteln lässt sich dieser Nachteil umgehen und eine Gewöhnung ist möglich.

Das Einweichen oder Keimen der Gerste bewirkt einen Abbau der Nicht-Stärke-Kohlenhydrate durch korneigene Enzyme. Wie bei der Aufzucht von Hühnerküken festgestellt wurde, erzielt man so eine deutliche Qualitätsverbesserung der Gerste als Futtermittel.

Mais

Der Mais besitzt von allen Getreidearten die höchste Verdaulichkeit und Energiekonzentration. Bei reichhaltigen Gaben besteht deshalb die Gefahr eines übermäßigen Fettansatzes. Der Eiweißgehalt des Maiskornes ist verhältnismäßig niedrig und in seiner Wertigkeit gering. Zu beachten ist, dass junger weißer Mais kein Carotin enthält und bei einseitiger Fütterung zu Vitaminmangel und Entwicklungsstörungen führen kann. Von Papageien wird der Mais ausgereift, in geweichter Form und milchig-frisch, noch in den Kolben, gern gegessen. Auch für Finkenvögel ist er in diesem Reifegrad eine Bereicherung des Futtertisches. Für andere Vogelsorten wird der Mais wegen seiner Größe und Härte meist gebrochen.

Reis
Ungeschälter Reis, auch Paddy-Reis genannt, hat einen Spelzenanteil von bis zu 30 % und dadurch einen hohen Rohfasergehalt. Durch das Schälen des Kornes erhöht sich zwar die Verdaulichkeit, doch wird dadurch auch der Mineralstoff- und Vitamingehalt beträchtlich gesenkt. Die überwiegende Fütterung von geschältem Reis führt deshalb zu Stoffwechselstörungen. Reis wird von fast allen Vögeln gerne angenommen. In gekochter Form eignet er sich als Diätfutter und als Beifutter für Nektar fressende Vögel.

Hirse
Im Handel werden eine Vielzahl von Hirsearten angeboten. Unabhängig von ihrer Farbe, nach der sie oft benannt sind, und ihrer Größe besitzen alle Hirsen einen ähnlichen Gehalt an den einzelnen Nährstoffgruppen. Dieser entspricht in etwa dem des entspelzten Getreides. Aus diesem Grunde lassen sich die verschiedenen Hirsearten beliebig gegeneinander austauschen. Entscheidend ist, dass die Körner angenommen werden und vom Schnabel des Vogels bearbeitet werden können.

Eine Vorliebe besteht für Hirsekörner, die sich noch in den Rispen befinden, vermutlich weil sie über einen längeren Zeitraum frisch erhalten bleiben. Auch ernten Vögel sie in der freien Natur auf diese Weise und sammeln sie nicht auf dem Boden auf. Für einen Großteil der Körnerfresser, die sich in der Natur überwiegend von Grassämereien ernähren, stellen Hirsen den Hauptbestandteil der Nahrung dar. In großem Umfang werden deshalb die verschiedenen Hirsearten an Finken, Papageien und Sittiche verfüttert.

Verschiedene Körner und Sämereien sind die Grundlage der meisten Vogelfuttermischungen.

Grassamen
Neben den bereits erwähnten kultivierten Gräsern finden sich in der freien Natur viele Wildformen. Als Vogelfutter werden Rispen- und Weidelgras häufig genutzt. Gerade die halbreifen Ähren werden von kleineren Körner fressenden Vögeln gern genommen und stellen deshalb einen wichtigen Nahrungsbestandteil dar.

Glanz (Kanariensaat, Spitz)
Glanz unterscheidet sich in seiner Zusammensetzung kaum vom Getreide. Für den Kanarienvogel ist er das „Brot“ und wird das ganze Jahr über gern angenommen. Kanariensaat ist sehr gut verträglich und dient besonders für brütende Finkenweibchen als wichtigste Kohlenhydratquelle. Aufgrund seiner Form wird der Glanz auch als Spitz bezeichnet. Halbreif wird er von den Vögeln im Hochsommer gern aus den Samenständen gepickt.

Rübsen
Rübsen ist bereits aus alten Kulturen Asiens und Europas bekannt. Ursprünglich eine Pflanze des mediterranen Klimas, hatten die späteren Kulturformen in ganz Europa Einfluss auf die Vogelhaltung, vor allem auf die des Kanarienvogels. Erst durch die Kultivierung eines Wildkrautes und dessen kontrollierten Anbau gewann der Mensch ein Futtermittel, das ihm ganzjährig zur Verfügung stand und eine permanente Ernährung seiner Finkenvögel sicherte. Hinweise gehen auf das 14. und 15. Jahrhundert zurück und stehen in engem Zusammenhang mit dem Siegeszug des gefiederten gelben Kammersängers.

Die ölhaltige Saat dient dem Vogel vor allem als Energielieferant. Die Aufnahme ist bei Finkenvögeln individuell verschieden. Das liegt vermutlich am Geschmack, der durch den Gehalt an Glucosinolaten, einer Gruppe von Pflanzeninhaltsstoffen, die auch als Senfölglykoside bezeichnet wird, leicht stechend herb bis bitter ist. In der Zusammensetzung seiner Nährstoffgruppen entspricht der Rübsen in etwa der Nigersaat.

Nigersaat
Nigersamen ist die Körnerfrucht des Ramtillkrautes, eines exotischen Kompositengewächses. Sie ist ölhaltig und energiereich. Die schwarzen, länglich-dünnen Körner werden von Prachtfinken und Kanarien gerne aufgenommen. Sie eignen sich auch gut zum Ankeimen.

Hanf-, Lein-, Mohn- und Salatsamen
Diese Samen sind zur Abrundung häufiger Bestandteil von Mischfuttern; sie werden zur Ergänzung und Bereicherung beigemengt. Die verschiedenen Samenformen animieren die Vögel zudem zur verstärkten Aufnahme des Futters.

Grünfutter

Unter Grünfutter versteht man das traditionelle Bei- und Ergänzungsfutter unserer Stubenvögel. Allerdings ist der Ausdruck Blatt-Grün-Futter zutreffender. Jede Pflanze enthält in ihrem Feinbau, den Zellen, kleine Körperchen, die Chloroplasten, die den grünen Blattfarbstoff, das Blattgrün (Chlorophyll) enthalten. Diese sind aus Fetten und Eiweißen aufgebaut. Daneben enthalten sie Carotinoide, die in der Pflanze die gelben bis orangen Farben bewirken. Dieses Mischungsverhältnis von grünem Chlorophyll und orange-gelben Carotinoiden bewirkt die unterschiedlichen Grüntöne des Blattes. Gerade für den Aufbau der Fettfarben in der Vogelfeder sind die Carotinoide verantwortlich. Sie

1 2 3

4 5 6

1 – Hirtentäschel, *Capsella bursa-pastoris*; 2 – Löwenzahn, *Taraxacum officinale*; 3 – Melde, *Atriplex hortensis*; 4 – Flohknöterich, *Perisicaria maculosa*; 5 – Kreuzkraut, *Senecio vulgaris*; 6 – Vogelmiere, *Stellaria media.*

sind fettlöslich und werden deshalb auch als Lipochrome bezeichnet. Mit den grünen Blättern von Spinat, Löwenzahn, Endivien- und Kopfsalat, aber auch reifem (!) Chicoree liefern wir unseren Vögeln den notwendigen Baustoff zum Federglanz. So gesehen gehören frische grüne Pflanzen und Pflanzenteile bei den meisten Körnerfressern zur artgerechten Fütterung. Grünfutter sollte aus grünen Blättern und Stängeln, halbreifen Sämereien, Knospen und Trieben einheimischer Wildpflanzen bestehen. Beim Sammeln muss man darauf achten, dass nicht in der Nähe gespritzt worden ist oder sich verkehrsreiche Straßen befinden, da dann die Pflanzen schadstoffbelastet sind.

Brennnessel

Seit alters her wird die Brennnessel zur Aufzucht von Wassergeflügel eingesetzt. Gänse fressen sie gern zerkleinert und untergemischt in zerdrückten Eiern, Quetschkartoffeln und Brot. Im jungen Vegetationsstadium werden die Blätter der Brennnessel auch von Kanarien, Papageien, Finken, Hühnervögeln und vielen anderen Vögeln aufgenommen. In der Trockenmasse enthalten Brennnesseln etwa 30 % Rohprotein, fast doppelt so viel wie Kopfsalat. Die Eiweißqualität ist durch die Aminosäurenzusammensetzung besonders hoch. Die wachstumsfördernde Wirkung der Brennnessel und ihre wichtige Funktion bei der Bildung von Bindegewebe und Knorpeln wird auch in der Medizin genutzt.

Löwenzahn

Der Löwenzahn ist weit verbreitet. Seine halb reifen Samen, die welkenden Blütenköpfchen kurz vor Öffnung zur „Pusteblume", sind für viele Finken ein unentbehrliches Frühjahrsfutter. Doch nicht nur die Samen, sondern auch die Blätter finden bei Exoten, Kanarien, Fruchtfressern und Papageien Zuspruch.

Kreuzkraut

Das Kreuzkraut steht zur Fütterung etwa ab April bis weit in den Oktober hinein als Futterpflanze zur Verfügung. Von seinen Samen und Blüten ernähren sich viele einheimische Finkenvögel, Kanarien, Papageien und auch Wellensittiche.

Vogelmiere
Die Vogelmiere gehört zur Familie der Nelkengewächse. In ihrem Namen kommt bereits zum Ausdruck, dass sie gern von Stubenvögeln gefressen wird. Sie ist die wohl bekannteste Futterpflanze. Vom zeitigen Frühjahr bis spät in den Herbst ist sie reichlich zu finden. Ein guter Fundort sind Gärtnereien, wo sie ständiger Begleiter aller Kulturpflanzen ist. Die ganze Pflanze, also Blätter, Stängel und Samenstände, wird von den Vögeln verzehrt.

Gänsedistel.

Gänsedistel
Die Gänsedistel ist ein Korbblütler wie Kreuzkraut und Löwenzahn. Sie befindet sich an Wegen, Plätzen und Äckern als „Unkraut“. Durchwegs kann man sie wie alle Korbblütler mit Samenständen in den verschiedenen Reifegraden sammeln. Sie stellen ein schmackhaftes Futter für alle Finken, Exoten, aber auch Papageien dar.

Knöterichgewächse
Die Samen von Winden-, Vogel- und Flohknöterich sind in der freien Natur regelmäßiger Bestandteil im Nahrungsspektrum von Finkenvögeln. Sie werden auch gern von Prachtfinken in Menschenobhut angenommen. Selbst die Blätter dieser Pflanze dienen als interessante Futterbeigabe. Sie unterstützen die Pigmentierung der Federn.

Beifuß, die Samenstände lassen sich gut für den Winter einfrieren.

Beifuß
Beifuß ist eine Schutt- oder Ruderalpflanze. Die Abfälle der menschlichen Wirtschaft düngen den Boden. Infolgedessen finden sich dort Pflanzen ein, denen ein hoher Stickstoffgehalt des Bodens zusagt. Beifuß dient, wenn er auch von einigen Vögeln abgelehnt wird, als hervorragendes Futtermittel, das den Tieren beim Fressen zusätzliche Beschäftigung verschafft.

Sonnenblumen
Der Sonnenblumenkern wird von einer rohfaserreichen Schale umgeben. Je nach Sorte ist diese Schale weiß, schwarz oder gestreift. Für Vögel, die diese Kerne nicht knacken oder schälen können, sind sie ungeeignet. Es gibt im Handel auch geschälte Sonnenblumenkerne, die wegen des fehlenden Rohfaseranteils eine hohe Verdaulichkeit besitzen. Sonnenblumenkerne enthalten reichlich die schwefelhaltigen Aminosäuren Methionin und Zystin sowie Lysin. Sie sind deshalb während der Mauser oder als Ergänzung und Aufwertung einseitiger

Getreidefütterung wertvoll; das Korn kann auch in gebrochener Form verarbeitet werden.

Sonnenblumen werden von vielen Vögeln angenommen. Wer im Sommer an einem Sonnenblumenfeld vorbeigeht, sollte seinen Gefiederten die Kerne in unterschiedlichen Reifegraden, beginnend mit der Milchreife, mitnehmen. Sie stellen für fast alle Vögel eine Delikatesse dar und fördern zudem die Beschäftigung.

Gekeimte Sonnenblumenkerne

Quell- und Keimfutter

Mit Quell- und Keimfutter bereichern wir das Nahrungsangebot unserer Vögel. Durch Wasser bringen wir die Körner zum Aufquellen und aktivieren damit die Keimanlage, aus der sich der Spross bildet. Es handelt sich um junges, pflanzliches Gewebe, das durch die Mobilisierung von Speicherstoffen, vornehmlich Stärke, entsteht. Keimlinge gelten allgemein als eiweißreich und sind durch den beträchtlichen Zuckergehalt sehr schmackhaft. Die meisten Vögel lieben Keimfutter, und es dient auch ihrer Beschäftigung und wirkt sich so positiv auf ihr Verhalten aus. Es sollte jedoch

Herstellung von Quell- und Keimfutter

- In ein Küchensieb, durch das die keimenden Körner nicht fallen können, wird die täglich benötigte Futtermenge hineingeschüttet.
- Achtung! Futter quillt und keimt, vermehrt also sein Volumen und benötigt entsprechenden Platz im Sieb. Ein Viertel des Siebinhaltes zu füllen erscheint realistisch.
- Um das Futter von Verunreinigungen zu säubern, wird die Füllung unter fließendem Wasser ausgespült, bis nur noch klares Wasser abläuft.
- Dann wässert man das Sieb bis zum Rand. So liegt jedes Korn im Wasser und saugt sich voll. Nach etwa vier bis sechs Stunden wird das Sieb aus dem Wasser entfernt und nochmals gespült.
- Anschließend sollte man es, vielleicht mit einem Deckel abgedeckt, zum Keimen in eine Schüssel hängen.
- Das Spülen wiederholt man in täglichem Rhythmus, an heißen Tagen öfter.
- Der Keimvorgang ist nunmehr lediglich von der Temperatur abhängig. Sehr schnell wird deutlich, wie man sein Keimfutter „steuert". Vor der Verfütterung unbedingt nochmals spülen und leicht abtropfen lassen.
- **Tipp**: In dieses noch feuchte Zusatzfutter lassen sich auch Beigaben wie Obst, Karotten oder Zusatzpräparate in Pulverform einmischen, die an den Keimlingen gut haften.

nur frisch zubereitet und mit viel Wasser abgespült verfüttert werden, weil es schnell mikrobiell verderben kann und dann eine Gefahr für die Gesundheit des Vogels darstellt.

Tierische Bestandteile

Futtermittel tierischer Herkunft haben in der Vogelfütterung einen hohen Stellenwert. Das gilt selbstverständlich für Fleisch-, Fisch- und Insektenfresser, aber auch für die Körner- und Fruchtfresser.

Garnelen
Garnelen sind krebsartige Tiere, die im Vogelfutter in gedämpfter und dann getrockneter Form Verwendung finden. Verfüttert werden sie als ganze Tiere, als Bruch oder gemahlen. Sie stellen aufgrund ihres hohen Eiweißgehaltes ein wertvolles Futtermittel dar. Einigen sind die Garnelen sicher aus dem Hühnerfutter bekannt, wo sie als Bruchstücke die Getreidemischungen ergänzen. In gemahlener Form sind sie Bestandteil von Fertig-Weichfuttermischungen und Aufzuchtfutter. Als einzelne Futterkomponenten kommen Garnelen nur für einige Wasservögel (z. B. Flamingos oder Enten) in Betracht. Hier ist die Verfütterung aufmerksam auf Frische beziehungsweise Ranzigkeit hin zu kontrollieren.

Fleisch
Fleischfütterung dient als Ersatz für Wildtiere, die beispielsweise von Greifvögeln, Würgern und Stelzvögeln in freier Natur erbeutet und gefressen werden. Die Vögel verschlingen dort das komplette Beutetier mit „Stumpf und Stiel". Dem Organismus werden so durch Federn, Haare und Darminhalt zusätzliche Nähr- und Ballaststoffe geliefert, welche in der reinen Fleischnahrung fehlen. Aus diesem Grund kann eine alleinige Fleischnahrung niemals ein vollständiges Futter sein.

Muskelfleisch oder Herz, in feine wurmähnliche Streifen oder kleine Würfelchen geschnitten oder auch fein gemahlen (Hackfleisch), wird häufig zur Fütterung von Insekten fressenden Vögeln wie zum Beispiel Glanzstaren, Drosseln oder auch Edelpapageien eingesetzt. Anwendung findet es auch als Päppelfutter für Mauersegler. Zur Ergänzung setzt man dem Fleisch noch Mineralien, Spurenelemente oder auch Haferflocken als Ballast zu.

> **Hinweis!**
>
> Fleisch verdirbt schnell. Deshalb sollte als Ration nie mehr gefüttert werden als in kurzer Zeit von den Vögeln aufgenommen wird. Für eine etwas längere Verwendung eignet sich gekochtes Fleisch, das dann im Backofen getrocknet wird. So vorbereitet kann man es in der Küchenmaschine kleinmahlen.

Fisch
Fischeiweiß ist leicht verdaulich und von hoher Wertigkeit. Auch sein Reichtum an Vitaminen und Mineralien ist beachtlich.

Abgesehen von Seevögeln, Pinguinen oder Eisvögeln, die ganze Fische fressen, spielen Fische in der Vogelhaltung eher im Einsatz von Fischmehlen eine Rolle. Ausgangmaterial sind Fischabfälle, die bei der Herstellung von Fischfilets oder -konserven für die menschliche Ernährung anfallen. Sie werden nach der Trocknung und Zerkleinerung den Weichfresserfuttern, Aufzuchtfuttern und anderen Mischfuttermitteln zugesetzt.

Frischer Fisch verdirbt sehr schnell, seine Verfütterung ist genau zu kontrollieren. Er wird von verschiedenen Weichfressern wie Schamadrosseln, Blaukehlchen, Nachtigallen, Sprossen und Bartvögeln angenommen. Bei häufiger Fischfütterung wurde jedoch von Bewegungsstörungen und Lähmungen berichtet.

Hinweis!

Milch dient als Bindemittel für Biskuit und Weißbrot und kommt auf diesem Wege der Vogelernährung zu.

Milch

Milch ist von Natur aus das Ernährungsvollpaket der Säugetiere, wenn sie ihre Jungen aufziehen. Dem Vogelorganismus fehlt das Enzym Laktase, das den Milchzucker (Laktose) im Darm spaltet. Deshalb ist der Einsatz von Vollmilch, aber auch von Trockenmilchprodukten in der Vogelfütterung nicht uneingeschränkt empfehlenswert, aber bei omnivoren, weniger empfindlichen Tieren möglich.

Zu Beginn des letzten Jahrhunderts verabreichte man Milch an schwächliche, kranke und in der Mauser befindliche Tiere, jedoch immer mit dem Hinweis, auf die Entleerungen zu achten! Wegen der leichten Verderblichkeit wurde nicht mehr angeboten, als in der nächsten Stunde getrunken wurde. Die Milch wurde zuvor gekocht und dann in kleinen Näpfen gereicht, damit der Vogel darin nicht baden konnte.

Quark

Quark ist ein nahrhaftes und häufig verwendetes, fermentiertes Milchprodukt. Quark enthält keinen Milchzucker mehr, weil er mit der Molke vom Milcheiweiß und Fett durch den Herstellungsprozess getrennt wird. Früher haben ihn die Vogelhalter selbst aus frischer Milch hergestellt. Heute ist das nicht mehr nötig, Quark wird in vielen Formen im Handel angeboten. Für die Vogelfütterung eignet sich am besten Magerquark, dessen Eiweiß sich durch eine gute Verdaulichkeit und Wertigkeit auszeichnet. Er kann dem Weichfresserfutter beigemengt oder genauso gut pur an Papageien verfüttert werden.

Käse

Käse ist ebenfalls ein fermentiertes Milchprodukt, das in vielen Formen und Sorten zu kaufen ist. Es eignet sich aber eigentlich nur Hartkäse für die Vogelfütterung. In geriebener Form wird er bei kleinen Weichfressern dem Futter beigemischt, Papageien erhalten ihn als Stückchen.

Doch kann es durch Ausfällung von Kasein zum Verkleben von Kropf und Drüsenmagen kommen, also Vorsicht! Zudem ist Salz für Vögel nicht bekömmlich. Käse daher am besten nur in geringen Mengen verfüttern.

Eier

Das Ei enthält alle zur Bildung eines neuen Vogels notwendigen Stoffe. Von daher hat sein Eiweiß (Protein) die höchste Wertigkeit. Eier besitzen aber auch einen hohen Mineralien- und Vitaminreichtum. Hartgekocht – um Bakterien abzutöten – und klein gerieben ist es seit Jahrhunderten mit Zwieback vermischt ein bewährtes Aufzuchtfutter. Dazu wird ein hartgekochtes Ei mit vier Scheiben Zwieback (oder nur der Eidotter mit zwei Scheiben) feinkrümelig gerieben – solange, bis die Masse homogen ist. Mit einem halben Teelöffel Traubenzucker (Glukose) und ein bisschen Mohn zur besseren Verdaulichkeit steht uns sogar ein Notfall-Futter für die Handaufzucht (Päppelfutter) zur Verfügung.

Ein hartes Ei in der Schale ist ein Leckerbissen für den Graupapagei. Die Schale liefert zudem Kalk und andere Mineralien.

Dieses Aufzuchtfutter trägt bis heute, auch bei den im Handel erhältlichen Futtersorten, den Namen Eifutter, Eiaufzuchtfutter oder neudeutsch egg-food. Durch neue Erkenntnisse in der Vogelernährung wurden die Inhaltsstoffe den Bedürfnissen – gerade für die Zeit des Wachstums (Jungenaufzucht), der Eibildung und der Erneuerung von Federn (Mauser) – angepasst.

Nach Herstelleranleitung wird das Futter beispielsweise mit geriebener Karotte oder Apfel leicht angefeuchtet und danach verfüttert. Auch mit Frucht- oder Gemüsesäften lassen sich diese fertigen Mischungen, die neben Backprodukten auch Eianteile enthalten können, gut zubereiten. Sicher wird jeder Vogelhalter bald die Eigenarten seiner Pfleglinge kennen und für täglich abwechslungsreiche Geschmacksrichtungen sorgen.

Honig

Honig ist Grundlage vieler Rezepturen von Ersatznahrung für Nektarvögel, aber auch als Beimengung für Weichfresser- und Papageienfutter geeignet. Der Eiweißanteil ist gering, auch Vitamine und Mineralstoffe sind von geringer Bedeutung. Vorsicht ist weiterhin geboten, weil Honig Rückstände von Insektiziden enthalten kann.

Lebendfutter

Fast alle so genannten Frucht- und Körnerfresser sind Feinschmecker, die sich nicht immer nur von Futterpflanzen allein ernähren. Gelegentlich verschmähen auch sie Nahrung tierischer Herkunft nicht. Häufig

MERKE
Informieren Sie sich jedoch zuvor bei Ihrer Behörde, ob im entsprechenden „Fanggebiet" geschützte Insekten vorkommen.

Wiesenplankton.

Mehlwürmer, Puppen und Mehlkäfer.

finden sie diese schon an ihren Futterpflanzen in Form von Spinnen, Käfern oder Raupen, aber sie sind auch in der Lage, lebendes Futter gezielt zu suchen und zu fangen. Das geschieht vor allem in Zeiten, in denen ihnen ihr Körper besondere Leistungen abverlangt und deshalb Nahrung mit einem hohen Gehalt an essentiellen Aminosäuren benötigt. Futtertiere für die Ernährung von Vögeln können gefangen, gekauft oder selbst gezüchtet werden.

In Betracht kommt der mit feinem Kescher gefangene **Wiesenplankton**, der meist aus kleinen Insekten besteht, neben verschiedenen Sämereien und auch Blüten. Gibt man diesen den Vögeln in ihre Behausung, dann wird neben der Futterversorgung sichergestellt, dass ihre Jagdtechniken nicht verkümmern.

Der so genannte **Mehlwurm**, die Larve des Mehlkäfers, ist das wohl bekannteste Futtertier. Er ist leicht zu züchten und über den Zoohandel immer zu erhalten. Man lagert ihn am besten in einem Weizenkleie/Haferflockengemisch und füttert ihn mit Mohrrübenstückchen oder Äpfeln. Aus dem Handel erworbene Mehlwürmer/Mehlkäferlarven sind aus technischen Gründen meist nicht optimal ernährt, da sie verkaufsbereit stehen müssen. Ein Mangel an Vitamin A und den B-Vitaminen ist häufig. Durch Verfütterung solcher Larven und die Verdauungsarbeit des Vogelorganismus entstehen dann im Vogel selbst Vitamin-Mangelzustände. Allmähliche Abmagerung sind erste Anzeichen, doch werden bei einseitiger Mehlwurm-Ernährung auch Krämpfe und Wachstumsstörungen der Hornteile beobachtet! Gekaufte Mehlwürmer sollten deshalb zunächst einige Tage selbst hochwertig ernährt werden – beispielsweise mit frischen aufgeschnittenen Äpfeln, Karotten, aber auch mit Blättern von Spinat und Feldsalat. Unmittelbar vor der Verfütterung kann man die Larven mit Vitaminen oder Futterkalk bestäuben und macht sie so qualitativ noch wertvoller.

Wichtig

Die alleinige Verfütterung von Mehlwürmern kann zu Erkrankungen führen, deshalb ist Vorsicht geboten.

Fliegenmaden sind eher aus dem Anglergeschäft bekannt und eignen sich nach entsprechender Aufbereitung gut als Futter. Sie lassen sich auch leicht auf Vorrat zubereiten (siehe Kasten S. 71).

Von den **Essigfliegen** eignen sich die stummelflügeligen am besten. Wir kennen sie alle vom gärenden Obst. Daher nennt man sie auch Fruchtfliegen. Sie können in „Lebendfuttergläser" direkt in die Käfige

Fliegenmaden zubereiten und konservieren

- Wenn sie an Vögel verfüttert werden sollen, müssen die Maden einige Tage fasten, um ihren Darm zu entleeren, der häufig sehr viele Keime enthält.
- Dann werden sie mit heißem Wasser abgebrüht, wodurch ihre zähe Haut besser verdaulich wird. So können sie frisch verfüttert werden.
- Man konserviert sie als Wintervorrat, indem man sie nach dem Brühen auf einem Tuch trocknet und danach einfriert. Wenn sie durchgefroren sind, werden sie in einer Küchenmaschine kurz angeschlagen, ohne dass man sie weiter auftaut. Die zerkleinerten Maden werden nun in Beutelchen abgefüllt und erneut eingefroren. Ein gut verwertbares Futter!

Fruchtfliegen im Anzuchtglas.

Fruchtfliegen züchten

Essigfliegen erhalten wir bei spezialisierten Firmen (Adressen in Fachzeitschriften) und in wissenschaftlichen Instituten (z. B. Universitäten). Auch der entsprechende Futterbrei (Nährmedium) ist kommerziell zu erhalten.Man kann ihn sich jedoch auch selbst herstellen:

- Dazu verrühren Sie Bananen, Pflaumenmus, Birnen, Tomaten und Äpfel mit Weizenkleie zu einem steifen Brei.
- Dieser Fruchtbrei wird nunmehr gekocht und nach dem Abkühlen wird
- ein etwa bohnengroßes, mit Wasser verrührtes Stück Bäckerhefe (Handel) aufgegossen. Sie können auch pulverförmige Hefe aufstreuen.
- Den Nährboden halten wir stets feucht! Er darf nicht rissig werden.
- Die Temperatur soll konstant zwischen 22–25 °C liegen.
- Die ganze Zucht in verschiedenen Gläsern, an verschiedenen Tagen angesetzt, garantiert eine hervorragende Futterquelle.
- Zur „Infrastruktur" für die Fruchtfliegen geben wir Holzwolle oder grobes Zellstoffpapier ins Glas.

oder Volieren gestellt werden. Die Vögel erbeuten ihre Futtertiere eigenständig. Bei kleineren Vögeln decken wir das Glas mit einem Fliegendraht ab, den wir fest am Glasrand sichern, um ein Abrutschen zu verhindern. Die Fliegen kommen aus dem Glas, der Vogel kann aber nicht hineinfallen.

Spinnen kommen überall in der freien Natur, aber auch in unseren Kellern und Hausfluren vor. Sie haben unterschiedliche Größen und

Formen und werden als Beute vielfach angenommen. Denken Sie bitte daran, dass Spinnen nützliche Tiere sind und man nicht unbedingt jede Spinne, die sich auftreiben lässt, den Vögeln verfüttern muss!

Blattläuse finden sich an Blättern und Stängeln von Sträuchern und Bäumen. Sie stellen die wichtigste Nahrung tierischen Ursprungs dar und sind das Nestlingsfutter für einheimische Finkenvögel, Prachtfinken und die kleineren zierlichen Arten von Insektenfressern.

Die Aufnahme von **Schnecken**, vor allem von Gehäuseschnecken, ist für den Kalkhaushalt von vielen Vögeln von Bedeutung, weil häufig auch das Schneckenhaus verzehrt wird. Allerdings sind Schnecken auch Zwischenwirte von Würmern, so dass eine regelmäßige Wurmkontrolle durch Kotuntersuchungen notwendig ist! Auch Papageien verzehren aus seichten Wasserstellen Kleinlebewesen wie Krebse und Schnecken.

Die Larven und Puppen der **männlichen Honigbienen** (Drohnen) sind bei Imkern in den Sommermonaten zu erhalten. Man kann sie tiefgefroren konservieren.

Ameisenpuppen erhalten wir in spezialisierten Zoogeschäften. Als „frische“ Ameisenpuppen sind sie ab etwa Mai bis zum Sommerende im Handel zu haben. Sie sind jedoch schnell verderblich und werden dann von den Vögeln ignoriert. Frische Ameisenpuppen sollen trocken, nicht zu stark zusammenklebend, schmierig oder verunreinigt sein. Etwas Feuchte (so genanntes „Schwitzen“) kann man durch Vermischen von Zwiebackmehl oder Eifutter aufsaugen. Bei fauligem, scharfsaurem Geruch sind die Puppen verdorben. Sie dürfen dann nicht mehr verfüttert werden!

Hinweis!

Käufliche Futtergrillen und -heuschrecken ersetzen die geschützten Heuschrecken unserer Heimat. Sie sind richtige Jagdbeute für unsere Volierenbewohner.

Das Sammeln frischer Ameisenpuppen in der Natur ist durch die Gesetzgebung verboten, weil viele Ameisenarten geschützt sind. So bleiben uns als wertvolle Futtertiere lediglich die Rasenameisen. Ihre Nester, die Sie unter Steinplatten oder im Garten entdecken können, werden durch umgestülpte Blumentöpfe geschützt und von Zeit zu Zeit „abgeerntet“. Doch sind im Fachhandel ebenfalls gefrorene, getrocknete oder geröstete und dadurch haltbar gemachte Puppen erhältlich. Fragen Sie auch in Aquariengeschäften danach! Durch Überbrühen mit kochendem Wasser ist ein Aufquellen möglich. Damit erhalten die Ameisenpuppen eine Konsistenz, die fast den frischen entspricht. Für alle Insektenfresser stellen sie nach wie vor ein wichtiges Futter dar.

Industriell hergestellte Futtermittel

Viele der im Zoofachhandel und in den Supermärkten erhältlichen **Futtermischungen** für Vögel nennen sich „Alleinfuttermittel“ und

Frischetest durch die Keimprobe

- Ein kleines Teesieb mit Körnerfutter füllen.
- Über Nacht in Wasser einweichen und am nächsten Morgen auswaschen.
- Mit geschlossenem Deckel bei 20 °C einen Tag stehen lassen.

Bei frischem Futter sind die ersten Keime bzw. das Aufplatzen des Korns festzustellen. Mindestens 80 % der Körner sollten keimen.

Die Qual der Wahl – was ist für meinen Vogel das Beste?

suggerieren, dass sie alle Nahrungsbedürfnisse des Vogels befriedigen. Beim Tierbesitzer werden mit dem Hinweis auf ein alleiniges Futter falsche Erwartungen geweckt, und tatsächlich wird der Vogel durch viele solcher Futterzusammenstellungen nur unzureichend ernährt. Es wäre an der Zeit, wenn Bezeichnungen, die vom Gesetzgeber in der Nutztier-Praxis und Nutztier-Fütterung klar definiert sind, von den zuständigen Behörden auch für die Heimtiere genauer definiert würden. Jedem Halter und Liebhaber werden heute Käfiggröße und Haltebedingungen vorgeschrieben, andererseits dürfen Futtermittelhersteller auf dem Heimtiersektor – gerade für Vögel – fast alles anbieten.

Nach neuesten Untersuchungen kommt ein Großteil der Futtermischungen als Alleinfuttermittel nicht in Frage. Viele Samenmischungen sind von ihrer Mixtur her nicht ausgewogen. Es kommt hinzu, dass die Mischungen auch alte überlagerte Samen enthalten können, die in ihrem Nährstoffgehalt deutlich reduziert sind. Auch an Verunreinigungen mit Pilzsporen und Schadinsekten muss gedacht werden, wenn Saatenmischungen länger gelagert werden.

Der verantwortungsvolle Vogelhalter sollte sich deshalb möglichst schon vor dem Kauf über eine Keimprobe des Futters vergewissern, ob er frische Ware einkauft. Denn mit dem Keimvorgang erhält er automatisch den Beweis für die Vitalität des Kornes. Gerade beim Einkauf größerer Mengen von Futtermitteln zwecks Vorratshaltung ist dieses Verfahren anzuraten.

Um der Gefahr einer unausgewogenen Ernährung möglichst aus dem Wege zu gehen, bemüht sich die Futtermittelindustrie seit einigen Jahren, über pelletierte Futtermittel, so genannte „Pellets“ oder „Extrudate“, ein Alleinfuttermittel zu schaffen, das allen Belangen des Vogels gerecht wird. Bei Pellets handelt es sich um aufgeschlossene Nahrung,

Hinweis!

Wenn der Futterreiz für die Vögel fehlt, weil das Futter nicht die Struktur, Form und Farbe und den Geschmack des natürlichen Futters hat , können sie einen wichtigen Teil ihrer angeborenen Aktivitäten nicht ausleben.

das heißt, dass dem Pressvorgang die Vermahlung der Rohstoffe und eine homogene Vermischung vorausgehen muss. Bei den Extrudaten werden die Rohstoffe ebenfalls vermahlen und zu einem einheitlichen Brei vermengt, wobei nun durch Hitzeeinwirkung die Stärke quillt und das Gemenge verkleistert. Durch Druck und hohe Temperaturen wird dieser Brei anschließend verdichtet und durch entsprechende Matrizen gepresst. So entstehen die gewünschten Formen.

Bei der Herstellung dieser „Futterpartikel" werden viele Vitamine und essentielle Aminosäuren sowohl durch die hohen Temperaturen als auch durch den Druck im Herstellungsverfahren geschädigt und verlieren somit mindestens einen Teil ihrer Wirkkraft. Hinzu kommt, dass die Vögel bei normaler Futteraufnahme entsprechend ihrer Art versuchen, das vermeintliche Korn zu schälen. Weitere Verluste am Pellet sind die Folge!

Auch sollte uns klar sein, dass unseren Vögeln bei der Pelletfütterung sämtliche Futterreize fehlen. Essen, also Nahrungsaufnahme, besitzt nicht nur beim Menschen einen ästhetischen Erlebniswert. Wer einmal Papageien an frischem, saftigen Obst erlebt hat, denen bei jedem Biss die Frucht fast aus dem Schnabel quillt, oder Finkenvögel, die im Überangebot von reifem Löwenzahn braun-gelb verklebte Schnabelränder haben, wird den Unterschied verstehen.

Reizverarmung führt zu Stereotypien, zu Verhaltensmustern, die der natürlichen Futteraufnahme entgegenstehen. Daraus können Verhaltensstörungen bis hin zu ernsthaften Erkrankungen entstehen.

Gerade in jüngster Zeit mehren sich die Berichte über Störungen bei der Futteraufnahme von „pelletiertem Alleinfuttermittel". Das reicht von der Ablehnung des Futters bis hin zu krankhaften Veränderungen der Verdauungsorgane. Von Wellensittichen ist bekannt, dass die Probleme nach etwa acht Wochen ausschließlicher Pelletfütterung auftreten. Die Vögel nehmen ab, sehen kränklich aus und sitzen aufgeplustert auf der Stange. Weil das Futter sehr trocken ist, steigt das Wasserbedürfnis der Vögel enorm und sie trinken viel. Damit kann der Organismus des Steppenvogels Wellensittich, der in der Natur über den Tau der Pflanzen seinen Wasserbedarf deckt, nicht umgehen. Veränderungen der Darmflora und andere Verdauungsprobleme mit massiven Organveränderungen sind die Folge. Auch bei Papageien wurden Magengeschwüre festgestellt.

Allein die Tatsache, dass Vögel die „pelletierten Alleinfuttermittel" a priori ablehnen, sollte den Vogelhalter misstrauisch machen. Die Vögel durch Hunger zum Fressen zu zwingen, ist bereits tierschutzwidrig.

Abgesehen davon sind die Nährstoffe bei so „aufgeschlossener Nahrung" frei zugänglich und nicht wie in Samen und Körnern von einer stabilen Schale als Schutzmantel geschützt. Sie bieten deshalb den idealen Nährboden für Keime aller Art. Bei der Verfütterung von keimveränderten Futterstoffen sind schwerste Erkrankungen und Todesfälle vorprogrammiert.

Traditionelle Fütterungsarten mit den meist sauberen, einfach zu lagernden und bequem zu verfütternden Saatenmischungen sind der Pelletfütterung in jedem Fall vorzuziehen. Zudem sind sie preiswert und werden – das kann jeder Halter beobachten – von den Gefiederten gut aufgenommen, was zeigt, dass es sich hierbei um ihre natürliche Nahrung handelt, die den Vögeln deshalb auch schmeckt.

Stieglitze haben sich auf die Samenstände von Disteln spezialisiert. Man nennt sie deshalb auch Distelfinken.

Andererseits wurden durch das Engagement von Ernährungswissenschaftlern und Tierärzten in den letzten Jahren viele Erkenntnisse über den Nahrungsbedarf der Vögel gesammelt. Das hat die Entwicklung eines optimierten Futters als potenzielles Alleinfuttermittel ermöglicht. Gerade bei Weich- und Insektenfressern ist der Halter auf das von der Industrie hergestellte Grundfutter angewiesen, das als so genanntes Fettfutter im Handel ist. Die Haltung und Zucht von Kolibris wurde dadurch überhaupt erst möglich gemacht. Ein einziges fertiges Futtermittel für eine Vogelart zu konzipieren, wird allerdings wohl noch lange ein Wunschtraum bleiben. Unsere Vögel sind ein spezialisiertes Völkchen, das eine seinem Verhalten und Körperbau entsprechende schnabel- und artgerechte Nahrung benötigt.

Alles in allem bieten die Fertigfuttermittel jedoch ein brauchbares Grundfutter, das je nach Art, Bedarf und Jahreszeit entsprechend ergänzt werden kann. Beispielsweise steht für Hühnervögel, Gänse und Puten in Form der industriellen Nahrung bereits ein vollwertiges Futtermittel zur Verfügung, das auch bei vielen Wildvögeln erfolgreich eingesetzt wird.

Eigene Kompositionen

Im Gegensatz zum Nutzgeflügel, das auf der Basis gängiger Futtermittel mit genau definierten Inhaltsstoffen ernährt wird, ist über den Nährstoffbedarf unserer Stubenvögel immer noch wenig bekannt. Nur in einzelnen Studien wurden bisher die Ernährungsgewohnheiten in der freien Natur untersucht. Das bringt für den Halter die Verantwor-

Futtermischung "Trockenes Angebot"

Eine – auch in Zoos bewährte – Mischung:
- 2 Teile Mais
- 2 Teile Gerste
- 2 Teile Weizen
- 2 Teile Hafer
- 1/4 Teil Haferflocken (**)
- 1/4 Teil Gerstenflocken (**)
- 1/4 Teil Maisquellmehl (**)
- 1 Teil Soja
- 2 Teile Sonnenblumenkerne (weiß-schwarz-gestreift)
- 1 Teil Erdnüsse (oder Erdnussschrot)
- 1/2 Teil Luzernemehl
- 1 Teil Grasmehl (auch als Graspellets aus der Pferde- und Schaffütterung)
- 1/2 Teil Weizenkleie
- 1/2 Teil Bierhefe (!)
- 1 Teil Garnelenschrot (!)
- 1/8 Teil Futterkalk (*)/Grit
- 1/8 Teil Kochsalz (jodiert)
- 1/8 Teil Vitamine/Spurenelemente

(!) Tierische Eiweißkomponenten streng hinsichtlich Verderblichkeit kontrollieren.
(*) Futterkalk in separaten Näpfen anbieten.
(**) Statt dieser Einzelflocken empfiehlt sich auch der Einsatz von Hundeflocken aus dem Zoohandel.

tung mit sich, genaue Informationen über seine Tiere einzuholen und sie ständig in ihrem Verhalten zu beobachten. Schnell erkennen Sie die Vorliebe für eine Futtersorte oder eine Frucht. Bei Körnerfressern können Sie durch die Verfütterung der einzelnen Saaten in separaten Näpfen sehr schnell den Hang zu einem bestimmten Futter und auch den entsprechenden Bedarf feststellen. Wenn Sie sich die Mühe machen, für jede Jahreszeit eine „Testwoche“ einzulegen, sehen Sie auch genau, welches Futter die Tiere im jahreszeitlichen Rhythmus bevorzugen.

Saisonales Angebot

Für Papageien lässt sich so eine saisonale Futtermischung zusammenstellen, wenn man zum Beispiel die Samen von Sonnenblumen, Mais, Gerste, Weizen, Hafer, Silberhirse, Kardisaat, Hanf und Buchweizen in einer bestimmten Menge einzeln in getrennten Futternäpfen anbietet und am Ende des Tages der Rest zurückgewogen wird. Ergänzt mit Früchten wie Orangen, Mandarinen, Trauben, Holunderbeeren, Johannisbeeren, Kirschen, Äpfeln oder Birnen erkennen sie schnell, dass bestimmtes Futter bevorzugt wird – abhängig von der Saison, der Spezies und den Vorlieben des einzelnen Tieres. Mit entsprechender Ergänzung durch Mineralien, Vitamine und schwefelhaltige Aminosäuren aus dem Zoofachhandel oder vom Tierarzt schließen Sie noch bestehende Versorgungslücken.

Zweckmäßigerweise entnehmen Sie von der nebenstehenden Mischung, die man etwa für 14 Tage frisch mischt, täglich eine Ration als „trockenes Angebot“. In einen weiteren Teil mischen Sie geriebene Karotten, hartgekochte Eier oder Quark zu einem leichten Feuchtfutter.

Mischfutter dienen zunächst immer unserer Arbeitserleichterung (!) und stellen dem Vogel eine breitere Palette im Angebot dar. Wie schon angeführt, findet unser Pflegling in der Natur eine noch größere Vielfalt, die er aber aufsuchen muss. Für die Aufnahme seiner Nahrung muss er körperlich arbeiten. In Menschenobhut findet der Vogel auf begrenztem Raum sofort alles und kann sich in kurzer Zeit „vollstopfen“. Beobachten Sie deshalb immer die Nahrungsaufnahme, halten Sie (notfalls schriftlich) fest, was wann wie am liebsten verzehrt wurde.

Tragen Sie auch den unterschiedlichen Bedürfnissen Rechnung. Amazonen lieben es, auch im Kletterbaum ihre Nahrung zu sammeln. Dort hängen wir am besten einen Futternapf für unsere Mischung auf, in einen anderen legen wir vielleicht Obst. Nicht nur Keas, die wir aus neuseeländischen Reiseberichten oder zoologischen Gärten kennen, krabbeln auch gerne auf dem Boden. Mineralienhaltige Erde nehmen fast alle Papageien vom Boden auf, so dass wir in ein grobes Sandgemisch auch Futterkalk, Heilerde und Mineralien einmischen können.

Frische Zweige und Äste

An frischen Ästen kann der Papagei nach Herzenslust nagen.

Mohrenkopfpapageien, viele Amazonenarten, Aras und Kakadus führen einen wahren Vernichtungskampf von Käfig- und Volierenmobiliar, aber auch der Umgebung, wenn wir sie ihr Knabberbedürfnis nicht ausleben lassen. Alte knorrige, teilweise auch morsche Obstbaumäste oder -stämme, Zweige mit Knospen oder in der Erntezeit mit Kirschen, Birnen oder Mirabellen, Holunder- und Weidenzweige finden sofort Aufmerksamkeit und werden fachgerecht in kleine Stücke zerlegt. Nicht nur die Beschäftigung, sondern auch Aufnahme von Spurenelementen und Grünfutter finden hier statt.

Spezialisten

Edelpapageien und Loris gehören zu den so genannten Nahrungsspezialisten, die sich größtenteils von Blütennektar ernähren. In ihrer Heimat bevorzugen sie stark blühende Bäume, um die Blüten anzunagen. Bei dieser Art der Nahrungsaufnahme werden häufig auch Insekten mit aufgenommen. Wir wissen heute, dass Pollen und Nektar weit weniger Zucker enthalten als bisher angenommen, was sich auch in den weiterentwickelten Fertigfuttern ausdrückt. Ihr Kohlenhydratgehalt wurde gegenüber alten Rezepturen deutlich reduziert, der Proteingehalt erhöht. Sie sind im Fachhandel mit Fütterungsanleitung erhältlich. Wer jedoch keine Mühe scheut – denn auf Verderb ist hier besonders zu achten – kann sich ein solches Futter auch selbst herstellen: Zwei Teile Sechs- oder Siebenkornflocken aus dem Reformhaus sowie Schmelzflocken aus der Kinderernährung werden mit einem Teil Naturjoghurt, einem Teil Honig, einem halben Teil Blütenpollen und einem zerhackten gekochten Hühnerei unter Hinzugabe von warmem Wasser so gemischt, dass ein Futterbrei entsteht, der gerade flüssige Form annimmt. In diesen Brei werden nun noch Vitamine und Spurenelemente, bestimmte Aminosäurenpräparate (Tierarzt) und je nach Spezies Banane, Garnelen, Birnen oder Äpfel eingerieben. Auch Rosinen und Insekten-Weichfutter haben sich hier bewährt. Grün- und Keimfutter dient ebenfalls einem erweiterten Spektrum an Futterstoffen und dem Ausleben arteigener Verhaltensweisen.

Gleichermaßen kann man mit den **Finkenvögeln** verfahren. Als bekanntestes Saatsortiment sei für den Kanarienvogel Glanz, Rübsen, Mohn, Hafer, Hanf, Leinsaat, Nigersamen, Salatsamen genannt. Sie werden feststellen, dass Ihre Pfleglinge im Frühjahr und Sommer, also während der eigentlichen Brutzeit, mehr Glanz verzehren. Das zeigt uns, dass so ein Großteil der Energie über die reichlich vorhandenen Kohlenhydrate bezogen wird. In der kälteren Jahreszeit wird der Vogel freiwillig mehr ölhaltige Samen wie Rübsen oder Hanf zu sich nehmen. Die Saisonalität wird in dieser Vogelgruppe auch durch das Frischfutter bestimmt. So begrenzen die Vogelfutterpflanzen außerhalb der Vegetationszeit die natürliche Vielseitigkeit. Dagegen liefern sie in ihrer Wachstumszeit neben Blättern und Stängeln auch tierisches Eiweiß durch Insekten, die daran haften. Die halbreifen und reifen Samen der Pflanzen wurden bereits erwähnt.

Chinasittiche finden, wie viele andere Vögel auch, auf strukturiertem Naturboden unter anderem Pflanzenteile und Mineralien.

Bei spezialisierten Fachhändlern gibt es qualitativ gute, der großen Gruppe dieser Vögel angepasste Spezialfuttermischungen. Saatenmischungen für Kreuzschnäbel und andere Waldbewohner beinhalten beispielsweise mehr Fichten- und Tannensamen, die für Stieglitze und Zeisige mehr Salatsamen, Nigersamen und andere Komponenten. Aufgeschnittene Äpfel, Birnen und Orangen seien als Beispiele für die Fütterung mit Früchten genannt.

Gestalten Sie ein abwechslungsreiches Futterangebot! Die Vorlieben der Pfleglinge sind dann schnell bekannt.

Wenn Sie Ihrem **Wellensittichen** das Futter selbst mischen, sollten Sie mehr Anteile der bewährten Kanariensaat beimischen als in den meisten im Handel erhältlichen Fertigmixturen enthalten ist. Dadurch werden Sie dem Steppenvogel Australiens, der sich dort überwiegend von Grassamen ernährt, viel eher gerecht.

Loris holen sich den Nektar aus den Blüten.

Die Gruppe der **Prachtfinken**, zu der wir den Zebrafink zählen, wird neben den verschiedenen Hirsearten auch Grassamen, Salatsamen, Glanz und Nigersamen im Angebot begrüßen. Die Vorliebe für Nigersaat, die von ihren Inhaltsstoffen her in etwa die gleiche Zusammensetzung wie Rübsen hat, mag von der Form des Kornes herrühren, aber auch von dessen Schmackhaftigkeit. Rübsen und Raps schmecken durch spezifische Inhaltsstoffe (Glukosinolate) häufig bitter und werden deshalb nicht so gern gefressen. Mit selbst zusammengestellten Mischungen aus verschiedenen Körnern und Saaten als Grundfutter, das mit den verschiedensten Futterpflanzen und Obst ergänzt wird, können Sie schnell ein Futter zusammenstellen, das Sie vom kommerziellen Mischfutter unabhängiger macht. Außerdem kennen Sie die Frische und Qualität der Einzelkomponenten.

Mauserfutter

Bei der periodisch stattfindenden Mauser werfen Vögel die alten Federn ab und bilden neue. Das ganze Gefieder wird dabei schrittweise ausgetauscht. Dazu muss der Vogel die notwendigen Baustoffe mit der Nahrung aufnehmen und durch viele Stoffwechselschritte so umbauen, dass er daraus das neue Federkleid bilden kann. In der Nahrung muss folglich all das enthalten sein, was der Vogel für den Aufbau seiner neuen Federn braucht, aber auch Stoffe für die Energiegewinnung, da

Mit Fantasie angebrachtes Grünfutter macht Kanarienvögel erfinderisch und animiert sie zum Klettern.

diese Umbauprozesse mit großem Energieaufwand im Körper einher gehen.

Federbildung und Gefiederwechsel ziehen sich über einen längeren Zeitraum hin, es geschieht nicht alles gleichzeitig und gleichmäßig! In der freien Natur kann der Vogel seine Nährstoffe nach Angebot und Bedarf sammeln, ein Vogel in Menschenobhut dagegen nicht unbedingt.

Gerade in der Zeit der Mauser sind Sie deshalb als Vogelpfleger gefordert. Bieten Sie Ihren Pfleglingen alles an abwechslungsreichem Futter, was möglich ist. Beobachten Sie Ihre Vögel gut und reagieren Sie bei der Zusammenstellung des Futters darauf. Auf diese Weise sind aus Liebhaberkreisen schon viele wertvolle Hinweise für die Wissenschaft gekommen.

Zurück zum Mauserfutter. Die Federn bestehen aus Keratin, dem Hornstoff. Das ist eine Eiweißverbindung, deren Grundgerüst vor allem von schwefelhaltigen Aminosäuren gebildet wird. Diese sind häufig essentiell, der Vogel kann sie also nicht selbst bilden und muss sie mit der Nahrung aufnehmen. Dies geschieht kurz vor, aber hauptsächlich während der Federerneuerungszeit. In der Natur ist das in der Regel die Zeit des größten Nahrungsangebotes. Genau das – ein Schlaraffenland – sollten Sie dem mausernden Vogel in Ihrer Obhut nun bieten.

Entsprechende Ergänzungen wie Mineralien, Spurenelemente (z. B. Korvimin), Vitamine und spezielle Mauserpräparate (z. B. Aviconcept) hält die Tiermedizin bereit, die gerade in der Vogelernährung große Fortschritte gemacht hat.

Mauserfutter

Mauser- Ergänzungsfutter für Finken- und Kanarienvögel
(zum üblichen Körnermischfutter):

- Abwechslungsreiches Grünfutter wie
  - Blattgrün (z. B. Salate, Petersilie, Chicoree),
  - Hirtentäschel, Vogelmiere, Sauerampfer, Löwenzahn (Blüten, Blätter, halbreife und reife Samenstände, kurz bevor die „Pusteblume" aufgeht), Kreuzkraut
  - Wiesenrispengras, Gänsedistel, etc.
  - Blüten (z. B. Tagetes, Sonnenblumen mit milchreifen Kernen)
- „Aufzuchtfutter" (aus dem Handel oder selbst hergestellt)
  - geriebene Karotte
  - Haferflocken
  - Mohnsamen
  - etwas Distelöl

  zu einer feucht-krümeligen Menge mischen, täglich frisch zubereiten! Bei hohen Temperaturen nur morgens und spät nachmittags füttern, keine Reste lassen!
- Keimfutter, Quellfutter
- Grit, Mineralien, Sand
- ausreichende Bade- und Trinkwasserversorgung

Mauser-Ergänzungsfutter für Papageien
(zum Körner- und Saatengemisch) meist Getreideprodukte:

- pflanzliche Eiweißträger, z. B. Soja (gedämpft), Sonnenblumenkerne, Erdnussschrot, Bohnen (gekocht)
- tierische Eiweißträger wie z. B. gekochte Eier, Quark, Fischmehl
- Mineralien (Futterkalk, Mischungen aus dem Handel)
- Vitamine, Spurenelemente, Mauserpräparate (Aviconcept)
- abwechslungsreicher „Obstsalat", variierender „Gemüsetisch", Knospen von Obstbäumen und -sträuchern
- „Beregnung" und Badewasser für eine physiologische Gefiederpflege
- frisches Trinkwasser, evtl. stilles Heilwasser (Mineralwasser)

Links: gleichmäßige Kopfmauser bei einem Haubenkanari (Gloster). Rechts: Mangelernährung zeigt sich im Schwanzgefieder eines Kanarienvogels. Die Federn sind spiralisiert, aufgerissen und zeigen „Stressbanden".

TIPP
In das „Aufzuchtfutter" oder Keimfutter lassen sich gut Ergänzungspräparate mischen, ohne dass die Vögel das Futter weniger gerne fressen.

Aufzuchtfutter

Unter diesem eingeschliffenen Begriff verstehen wir generell das Futter, mit dem geschlüpfte Vögel „groß" werden. Dabei ist es zunächst nicht entscheidend, ob die Jungvögel dieses Futter selbst fressen (Nestflüchter) oder über ihre Eltern gefüttert werden (Nesthocker) und diese wiederum von uns versorgt werden müssen. Wichtig ist zu wissen, das ein Vogelorganismus schnell wächst. Hierbei muss ein stabiles Knochengerüst gebildet werden, das durch die wachsende Muskulatur nicht verbogen wird (Rachitis!).

Hochwertiges Eiweiß, Mineralien und Energie liefernde Stoffe sind für diese Phase des Vogellebens essentiell. Es gibt kein Patentrezept für jede Vogelart, denn auch individuell gibt es Vorlieben. Manche Vögel füttern ihren Jungen nur Schnecken, andere beachten diese nicht. Wieder andere nehmen Eifutter, während manche dazu überhaupt nicht zu bewegen sind, dafür aber nur halb reife Sämereien fressen. Abwechslung und die Erfahrung des Pflegers sind die wichtigen Vorgaben, die im Rahmen einer kontrollierten Fütterung zum Aufzuchterfolg führen. Häufige, frische Rationen sind oft ein wichtiger Teil des Geheimnisses.

Hin und wieder kommt es vor, dass ein verlassener oder verletzter Vogel mit der Hand aufgezogen werden muss. Sorgfalt und viel Mühe sind hier notwendig, doch danken es uns diese handgezogenen Vögel durch ihre Zutraulichkeit, ja sprichwörtliche Zahmheit. Allerdings, das sei hier erwähnt, sind viele dieser Vögel – gerade Papageien – danach häufig auch fehlgeprägt. Der Mensch, zunächst Sozialpartner, wird später oft auch als Sexualpartner gesehen. Rückgliederung – man nennt es Resozialisierung – in innerartliche Gegebenheiten, auch bei der Amsel oder dem Spatz aus dem Garten, sollte deshalb immer angestrebt werden!

Nesthocker werden in einem kleinen Kasten oder einem Blumentopf als Nestersatz aufbewahrt. Dieser wird mit Moos, Scharpie (einem Nestbaumaterial für Kanarien), Wolle, einem Tuch oder Einwegküchentüchern ausgepolstert – dann die „Brut" hineingesetzt. Ein kleines Leinenläppchen darüber gedeckt ersetzt die hudernde Mutter.

Je nach Art erhalten die Nestlinge das gleiche Futter wie die Elterntiere – aber eben entsprechend schnabelgerecht zerkleinert (mit Gabel oder Mixer). Gefüttert werden sie am besten mit einer Futterspritze, einer Pinzette oder einem Holzstäbchen. Für Nestlinge ist das Futter körperwarm am verträglichsten. Wichtig ist auch , dass die kleinen Vögel öfter gefüttert werden müssen. Informieren Sie sich bei Ihrem Tierarzt oder Vogelschutz- und Naturschutzorganisationen über die jeweilige Vogelart.

Fütterungsmanagement

Zur optimalen Versorgung von Vögeln sind nicht nur die einzelnen Inhaltsstoffe und entsprechenden Nahrungsmittel wichtig. Auch Dinge wie die Qualität und Frische der Nahrungsmittel, richtige Lagerung, saubere Gerätschaften und vieles mehr spielen eine Rolle, die der Vogelpfleger nicht unterschätzen sollte.

Qualität der Futterstoffe

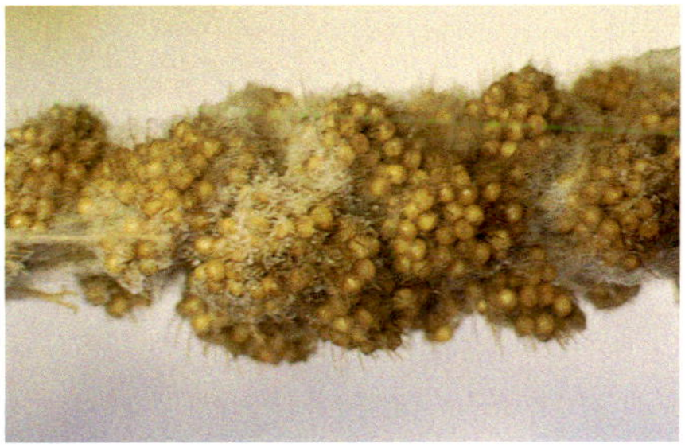

Schimmelpilz an Kolbenhirse.

Fütterungsschäden sind leider recht häufig bei Vögeln und verursachen Verluste, die sich meist hätten vermeiden lassen. Wichtig ist, dass alle eingesetzten Futtermittel von guter Qualität und frei von gesundheitsschädlichen Verunreinigungen sind. Eine Prüfung von Aussehen, Geruch, Geschmack, Konsistenz und Keimfähigkeit gibt erste Hinweise auf den Wert der Futterstoffe.

Futter oder Sämereien, das staubig ist, muffig oder schimmlig riecht oder aussieht, feine Gespinste oder sichtbaren Befall mit Milben, Käfern, Maden oder anderen Schadinsekten zeigt, darf auf keinen Fall an Vögel verfüttert werden. Viele exotische Vögel sind sehr anfällig gegenüber Pilzinfektionen und Atemwegsbeschwerden. Alle frischen Futtermittel verderben wegen ihres Nährstoffgehaltes je nach Feuchtigkeitsgrad schnell durch mikrobielle Vorgänge. Deshalb ist eine sachgemäße Lagerung wichtig; Nager und Schadinsekten sollten von allen Futterstoffen ferngehalten werden.

Anbieten, aber richtig

Vogelfutter sollte nie auf den Boden gestreut verfüttert werden, da es hier mit Kot verschmutzt und mit Krankheitserregern durchsetzt wird. Gerade bei der Fütterung versammeln sich die Vögel zahlreich auf einer relativ kleinen Fläche. So ist der Futterplatz immer ein Ort, an dem Krankheitserreger ausgetauscht werden können.

Hygienische Fütterung ist nur möglich, wenn die Futtergefäße erstens leicht zu reinigen sind und dies zweitens auch in der täglichen Routine der Vogelversorgung getan wird. Futtergefäße müssen eine gute Standfestigkeit besitzen oder aber in Aufhängevorrichtungen so im Quartier der Vögel angebracht sein, dass sie nicht umgeworfen

Frischhaltung von Futter

- Sämereien lagern wir trocken, luftig und vor direkter Sonneneinstrahlung geschützt. Die Lagerung in Säcken, in denen die Saaten sich vom Transport her befinden, ist nur für kurze Zeit angebracht. Eine Belüftung der Saaten in den Vorratsbehältern ist zweckmäßig.
- Bei leicht verderblichen Produkten ist eine kurzzeitige Kühlung möglich, doch besser ist, wenn man sie möglichst sofort verfüttert.
- Gut einfrieren lassen sich Früchte wie Ebereschenbeeren, Früchte des Sand- und Feuerdorns, aber auch halbreife Wildgräser und Maiskolben.

werden können. Gefäße sollten aus Materialien wie Edelstahl oder Steingut bestehen, die sich leicht sauber halten lassen und ein entsprechendes Eigengewicht besitzen.
Bei der Auswahl der Futtergefäße ist es sinnvoll, die von der Natur vorgegebene Art der Nahrungsaufnahme und die Besonderheiten der Nahrungsbearbeitung der jeweiligen Vogelart zu berücksichtigen. So benötigen Kolibris entsprechend ihrer Schnabelform differenziertere Trinkröhrchen (siehe Seite 6). Finkenvögel picken gern im Sand oder auf dem Volierenboden. Hier kann man in größere, flache Futterschalen, die leicht zu reinigen sind, einige Körner einstreuen. Auf diese Weise werden die Tiere zum Nahrungserwerb animiert.

Papageien sammeln ihre Nahrung gern auf den Zweigen der Bäume. Hier dienen geräumige Näpfe, in denen die Schnäbel Platz zum Wühlen finden, in verschiedener Anordnung auf dem Kletterbaum der Beschäftigung. Auch Beos und Stare können auf diese Weise trainiert werden.

Je nach Verhaltensmuster muss der Futterplatz entsprechend eingerichtet werden: Papageien mögen es, an Ästen aufgespickte Früchte abzunagen, während kleinere Finkenvögel am liebsten in der Gruppe speisen. Andere – wie zum Beispiel der heimische Erlenzeisig – picken kopfüber die Erlen- oder Birkensamen aus. Der Vogelhalter muss also die Eigenarten seiner Lieblinge kennen, um sie artgerecht füttern zu können.

Der Ort des Futterplatzes muss so gewählt werden, dass das Füttern und Auswechseln der Gefäße und deren Reinigung ohne viel Aufwand und lange Störzeiten möglich ist. Die Tiere sollten nach Möglichkeit nicht mit ihren Ausscheidungen in Kontakt kommen. Deshalb dürfen Trink- und Futtergefäße auf keinen Fall unter Sitzstangen aufgestellt werden.

Auch Trink- und Badewasser sollte hygienisch bereitgestellt werden. Bewährt haben sich Trinkwasser-Automaten oder -fontänen, in denen das Wasser nicht offen, sondern vor Verunreinigungen geschützt angeboten wird. Beim Badewasser, das in größeren Schüsseln oder Badehäuschen angeboten wird, sollten Sie darauf zu achten, dass es täglich erneuert wird, in der warmen Jahreszeit auch mehrmals täglich. Badehäuschen, die nach unten transparent sind, erscheinen dem Vogel offen und werden oft nicht angenommen. Hier helfen einige auf den Boden gestreute Steinchen oder Vogelsand.

Wann, wie oft, wie viel?

Auch Vögel leben im Tages-, Saison- und Jahresrhythmus. Spannung und Entspannung, Tag und Nacht sowie Hunger und Sättigung sind die Antipoden, mit denen die Natur arbeitet. Auch in der Vogelfütterung muss dies immer wieder berücksichtigt werden. Machen Sie sich Notizen, wie die Fress- und Ruhezeiten bei Ihren Pfleglingen abwechseln.

Im Frühjahr und Sommer liegen normalerweise die Zeiten für Fortpflanzung, Jungenaufzucht und anschließende Mauser, auf den Winter fällt dagegen die so genannte Ruhezeit.

Für Vögel, die ganzjährig im Zimmer gehalten werden, verschieben sich die Abschnitte entsprechend. Fremdländische Vögel – sprich Vögel, die aus Gebieten stammen, in denen das ganze Jahr über eine gleichmäßige Umgebungstemperatur herrscht – finden durch den ganzjährigen Reifeprozess von Früchten und Samen jederzeit Futter im Übermaß. Das ist bei der Haltung von Papageien und Fruchtfressern zu beachten. Hier steuern der Lichtreiz und das Eiweißangebot die eintretende Brutbereitschaft und die Mauser. Vögel aus unseren Breiten benötigen im Winter Ruhekost, die durchaus nur aus Körnerfutter, hin und wieder Grünem, bestehen darf. Im folgenden Frühjahr, also in der Wachstumszeit, wird dann wieder eiweiß- und abwechslungsreicher gefüttert. Im Sommer schließlich soll den Vögeln die ganze Palette des Nahrungsangebotes zur Verfügung stehen. Es schadet nicht, wenn wir den „täglichen Tisch“ verzieren, an einem Tag beispielsweise Äpfel, Birnen und Trauben, dann wieder Banane, Kirschen und Mais oder aber Ebereschenbeeren, Keimfutter und Pinkys anbieten. Sehr schnell erkennt man die Geschmäcker und Vorlieben seiner Tiere. Durch die abwechslungsreiche Kost lassen sich die Pfleglinge auch in den häuslichen Ernährungsplan mit aufnehmen.

Wer den Aufwand nicht scheut und zu den Aktivitätszeiten bei den Vögeln ist, kann gezielt zu diesem Zeitpunkt füttern. Dies hat den Vorteil, die Nahrungsaufnahme und das Verhalten vollständig kontrollieren zu können.

Wird die Futterschale in ein schwereres Gefäß gestellt, erhält sie mehr Standfestigkeit.

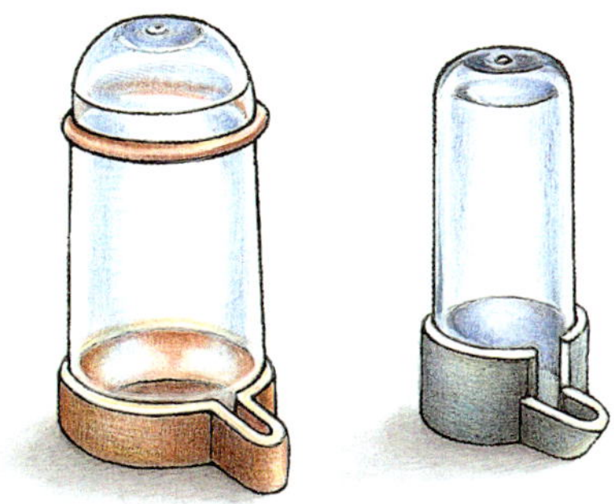

Aus Wasserfontänen kann hygienisch einwandfrei sauberes Trinkwasser bereitgestellt werden.

Ernährungsbedingte Krankheiten und Probleme

Rechte Seite: Einseitige Fütterung gerade von sogenannten „Lieblingsspeisen“ (wie hier beim Graupapagei Erdnüsse!) können zu ernsthaften Erkrankungen führen.

Aus einer fehlerhaften Ziervogelfütterung lassen sich viele gesundheitliche Störungen ableiten. Typische Krankheitsbilder entstehen durch Überversorgung, Mangel, genetische Dispositionen, Ungleichgewichte in der Darmflora, aber auch durch gefährliches Spielzeug und Umweltgifte, mit denen die Vögel in Berührung kommen. Die Vögel können aber auch Symptome zeigen, die sich auf den ersten Blick nicht mit einer Fehlfütterung in Verbindung bringen lassen. Fehlerhafte oder auch defizitäre Ernährung erfolgt häufig über einen längeren Zeitraum, so dass die eigentlichen Symptome meist schleichend oder auch erst nach einer gewissen Zeit ohne vorherige Anzeichen ganz plötzlich auftreten. Dieses scheinbar akute Geschehen äußert sich in Teilnahmslosigkeit, Lustlosigkeit und auch Appetitlosigkeit. Hin und wieder zeigen die Pfleglinge aufgeplustertes oder gesträubtes Gefieder. Tritt dazu noch ein weicher, wässriger Kot und Urin auf („Durchfall“), verlieren die Vögel schnell an Gewicht. Ihre Erkrankung wird dann häufiger erst über eine allgemeine Schwäche durch Abmagerung erkannt. Deshalb empfiehlt es sich, im Zweifelsfall immer den Tierarzt aufzusuchen. Mit einem genauen klinischen Untersuchungsgang kann er den gesundheitlichen Status und Ernährungszustand überprüfen und damit die Voraussetzung für entsprechende diätetische Ansätze liefern.

Eine Erstversorgung für geschwächte Vögel beinhaltet zunächst entsprechende Wärmezufuhr, um die Energieverluste (Körpertemperatur des Vogels beobachten!) möglichst gering zu halten. Leicht verdauliche Nahrung wie Zwieback, Traubenzucker (Glukose), im Trinkwasser Vitamine und Aminosäuren unterstützen den kränkelnden Patienten.

Ist eine Zwangsernährung erforderlich, fixiert man den Vogel in einer Hand und reicht mit einer Pipette zerkleinertes, schnabelgerechtes Futter. Nur der geübte Spezialist oder der Tierarzt sollte die direkte Futtereingabe in den Kropf mit Spezial-Ernährungssonden (Fa. Albrecht, Aulendorf, Bezugsquelle im Anhang S. 93) vornehmen. Hier sind anatomische und speziesbedingte Kenntnisse unerlässlich!

Eine entsprechende Diät ist dabei auf die jeweilige Vogelart abzustimmen. Der Handel hält inzwischen auch Päppelfutter oder spezielles Handaufzuchtfutter bereit. Der Einsatz sollte jedoch nur kurzfristig bis zur Stabilisierung des Vogelpatienten geschehen.

Die in neuerer Zeit von Menschen handaufgezogenen Papageien und Sittiche leiden häufig unter den Defiziten einer unausgewogenen Ernährung. Die Vögel sind als Sozialpartner des Menschen zwar ausgesprochen zahm, doch fehlen durch die elternlose Aufzucht vor allem die Antikörper (Schutzstoffe), die durch die innerartliche Fütterung auf die wachsenden Individuen übertragen werden.

Schaden erleiden die Vögel mitunter auch, wenn die Futtermengen pro Mahlzeit zu groß sind und der Flüssigkeitsgehalt zu gering ist. Eine fehlerhafte Futtertemperatur und eine falsche Zusammensetzung führen zunächst zur Anschoppung und anschließend zur Erweiterung des Kropfes. Die Vögel würgen oder erbrechen Futter und Schleim, der meist sauer und übelriechend ist. Hier ist für die erfolgreiche Aufzucht und Pflege der begleitende tierärztliche Rat einzuholen!

Vergiftungen

Alle Vögel sind Nichtraucher!

Vögel, die im Wohn- und Essbereich des Menschen Freiflug und „Zimmergang“ erhalten, sind gefährdet. Durch die Aufnahme von Zigaretten und Zigarren, aber auch durch das „Ausfressen“ von Aschenbechern treten Nikotin-Vergiftungserscheinungen auf. Häufig versterben die Vögel daran sehr schnell (innerhalb von Stunden bis zu zwei Tagen).

Rauchvergiftungen durch übermäßiges Rauchen oder Heizungsunfälle sind keine direkten Futtervergiftungen, sollten hier aber der Vollständigkeit halber erwähnt werden. Auch verdampfendes Teflon aus Grillpfannen und Heizlüftern ist sehr toxisch und sei hier genannt.

Nymphensittich mit Bleivergiftung.

In der menschlichen Behausung kann es durch Beknabbern und Abnagen von Gardinen mit Bleiband, Einfassungen von bleiverglasten Fenstern und Spiegeln, Lampenschirmen, Wandnägeln, Zinknasen am Käfiggitter, Farbanstrichen oder Dichtungsmitteln zu Schwermetallvergiftungen kommen. Auch durch die Aufnahme bestimmter Pflanzen und ihrer Teile werden Vergiftungen beobachtet, wenn sie auch häufiger vermutet als anschließend bestätigt werden.

Bei Zierpflanzen gelten z. B. Oleander, Immergrün, Dieffenbachia und Solanum-(Nachtschatten-)Arten als giftig. Auch der Verzehr von Eibenteilen, Goldregen und Seidelbast führt zu Vergiftungserscheinungen, z. B. wenn die Pflanzen von der Voliere aus erreichbar sind oder die Käfige im Sommer direkt an das „Grün" herangestellt werden. Mit Grünfutter, Wildkräutern und Zweigen können von den Vögeln Schädlingsbekämpfungsmittel aufgenommen werden. Auch das Körnerfutter kann mit Spritzmitteln behandelt sein. Hier sind Vergiftungen mit verschiedenen Organophosphaten, die zur Schädlingsbekämpfung eingesetzt werden, beobachtet worden. Die Saaten stammten aus Drittländern, in denen eine oder mehrere als Futtermittelkomponenten mit Pestiziden behandelt worden waren. Zeisige und Finkenvögel reagieren hierauf sehr empfindlich! Schließlich bleibt noch die Vergiftung mit Schimmelpilzen zu erwähnen bzw. die Vergiftungserscheinungen durch Mykotoxine. Meist ist das Futter überlagert oder durch Nässe mit einem Schimmelpilz verunreinigt.

Vorsicht! Kein Grünfutter von frisch gespritzten Flächen!

Bei den meisten Vergiftungen stellt man Erbrechen, Durchfall und zentralnervöse Erscheinungen fest. Auch Todesfälle treten auf. Für die richtige Diagnose sind ein ausführlicher Vorbericht und ein toxikologischer Untersuchungsgang nötig, deshalb schnellstens zum Tierarzt!.

Überversorgung

Hauptursache ernährungsbedingter Probleme sind Energieüberschuss sowie der Mangel an Aminosäuren, Mineralstoffen und Vitaminen. Die Fettleibigkeit der Vögel, meist bei einzeln gehaltenen Wellensittichen, Papageien und Kanarien zu sehen, ist darüber hinaus Ausdruck seelischen Kümmerns. Vielfach sterben solche Vögel nach Jahren an einer Fettleberdegeneration.

Die tägliche Futtermenge beträgt als Ration, abhängig von der Umgebungstemperatur und der Größe des Vogels, etwa 10-20 % der Körpermasse. Die Zuteilung der Körnermischung sollte rationiert und nie ad libitum (zur beliebigen Aufnahme) erfolgen, weil sonst die schmackhaftesten Körner – z. B. Sonnenblumen, Hanf – präferiert werden. Sie besitzen in der Regel einen höheren Fettanteil, der dann zur Verfettung führt.

Empfohlene Vitaminmengen (IE/kg KM/Tag)		
	min	max
Vit. A	2500	5000
Vit. B	500	1000

Eine einseitige Körnerfütterung führt neben der möglichen Verfettung des Vogels zu einem Mangel hinsichtlich der ausgewogenen Aminosäurenaufnahme. Gerade Lysin und Methionin bleiben unterbilanziert. Auch ein Vitaminmangel tritt hierbei auf.

Im Glauben, dem Vogel alles Wichtige für seine Gesundheit zu bieten, werden häufig Mineral- und Vitaminmischungen als Ergänzungen gefüttert. Hier sind die vom Hersteller genannten Dosierungen zu beachten, weil es durch exzessive Gaben zu Hypervitaminosen (besonders bei den Vitaminen A und D) kommen kann.

Mangelerscheinungen

Bei rezessiv-weißen (englischweißen) Kanarien kennen wir einen angeborenen Mangel, Beta-Carotin und Vitamin A selbstständig aufzubauen. Diese Rassekanarien benötigen deshalb eine Zusatzfütterung von Vitamin A. Auch bei Graupapageien kommt ein Vitamin A-Mangel häufig vor. Er äußert sich neben Federausfall und einer stärker schuppenden Haut vor allem in einer Anschwellung der Tränen- und Speicheldrüsen. Ebenso sind Veränderungen des Federkleides und Störungen im Mauserablauf häufig Ausdruck von Vitaminmangelzuständen. Für das Futter werden zum Ausgleich dieser Mangelerscheinungen Gaben von 5000 IE/kg KM/Tag Vitamin A empfohlen.

Timneh-Graupapagei mit einer Vitamin A-Hypovitamitose.

Auch die fehlenden Baustoffe für die Federn, also vor allem schwefelhaltige Aminosäuren, lassen das Gefieder stumpf und glanzlos aussehen. Zu hohe Nährstoffgehalte im Futter schaden ebenfalls. Neben den Störungen in der Befiederung kann es zu Verkalkungen von Organen und Geweben kommen. Übermäßige Eiweißversorgung kann zu Gicht führen: der Vogel hat geschwollenen Gelenke, in denen sich weiße Uratmassen ansammeln.

Auch die Abwehr leidet

Fehlernährungen gerade in Zeiten besonderer Leistung wie Wachstum, Mauser und Brutzeit führen zu einer Schwächung der körpereigenen Abwehr. Dies zeigt sich in Erscheinungen wie Federpicken und Fremdkörperaufnahme, aber auch in einer erhöhten Anfälligkeit für Infektionen mit Parasiten, Pilzen, Bakterien und Viren. Die gefürchtete Lungen- und Luftsackmykose der Papageien ist oft eine Folge unausgewogener Ernährung mit reduzierter Abwehrbereitschaft. Die Diagnose stellt der Tierarzt u. a. durch eine Röntgenaufnahme.

Ungleichgewicht im Darm

Bei vielen Vogelarten kann sich durch die Ersatz- oder Behelfsnahrung, die von der ursprünglichen Freilandnahrung abweicht, die bakterielle Darmflora verändern. Dadurch kommt es zu Krankheits- und sogar Todesfällen. Ebenso führen unkontrollierte Medikamentengaben, vor allem von Antibiotika, zu einer veränderten Darmflora und erhöhter Anfälligkeit. Leider werden hier nicht in allen Fällen Probiotika wie Laktobazillen zu einer Genesung beitragen.

Gefährliches Spielzeug

Viele Vögel werden leider einzeln gehalten. Die Besitzer versuchen dann, durch den Kauf eines Plastikvogels oder von Spielzeug wie Stehaufmännchen, Glöckchen, Spiegeln etc. ihren Freund zu unterhalten. Abgesehen davon, dass hier fundamentale Verhaltensweisen missachtet werden, sind diese Spielsachen gefährlich. Stehaufmännchen enthalten in ihrem Fuß Metall- oder Bleikügelchen, die vom Vogel nach Zerbersten der Plastikumhüllung aufgenommen werden können und zur Vergiftungsgefahr werden. Auch die frühe Prägung auf das eigene Spiegelbild (z. B. im Goldglöckchen) führt gerade bei Psittaciden zu Verhaltensstörungen, aber auch zu schweren Metallvergiftungen durch liebkosendes Benagen! Die genannten Spielsachen sind sämtlich tierschutzwidrig. Im Handel befinden sich so genannte Sand-Sitzstangen, die neben der Sandaufnahme auch ein Abnutzen der Krallen bewirken sollen. Tatsache ist, dass der Vogel nur punktförmig mit der Kralle dieses „Schleifpapier" berührt, aber die gesamte Fußsohle darauf aufliegt. Ballenentzündungen bis hin zu Geschwüren sind die Folge.

Feine Wollfäden und Nestbaumaterial (Scharpie, Kokosfasern) müssen in der Nähe von Vögeln immer kontrolliert werden. Nicht nur, dass sie sich um Zehen, Ständer und Zunge wickeln können und so zu einem gefährlichen Seil werden; auch beim Abschlucken stellen sie Fremdkörper im Vogelorganismus dar. Die Folgen können dramatisch sein: Durch Festsetzen im Kropf und in den weiteren Verdauungsabschnitten sind die Faserstränge nicht nur passagehindernd, sondern oft genug auch todbringend.

Anhang

Literatur

Aeckerlein, W. (1986): Die Ernährung des Vogels, Verlag Eugen Ulmer, Stuttgart.
Bernd und Meise (1959): Naturgeschichte der Vögel, Frank'sche Verlagsbuchhandlung, Stuttgart.
Bergmann, H.-H. (1987): Die Biologie des Vogels, AULA-Verlag, Wiesbaden.
Bezzel, E. (1990): Ornithologie, Verlag Eugen Ulmer, Stuttgart.
Bielfeld, H. (2003): Zeisige, Girlitze, Gimpel und Kernbeißer, Verlag Eugen Ulmer, Stuttgart.
Friederich, U., Volland, W. (1998): Futtertierzucht, Verlag Eugen Ulmer, Stuttgart.
Jeroch, H. et al. (1993): Futtermittelkunde, Gustav Fischer, Jena, Stuttgart.
Kaleta, E., M.-E. Krautwald-Junghanns (1999): Kompendium der Ziervogelkrankheiten, Verlag Schlütersche GmbH & Co KG, Hannover.
Kamphues, J. et al. (1990): Die Entwicklung der Körperzusammensetzung wachsender Kanarien, Verlag der DVG, Gießen.
Kamphues, J. (1992): Ernährungsbedingte Störungen in der Ziervogelhaltung, Verlag der DVG, Gießen.
Kluge, H. (1999): Brennessel – Heilpflanze und mehr, Haug Verlag, Heidelberg.
Körber-Grohne, U. (1995): Nutzpflanzen in Deutschland, Nikol Verlagsgesellschaft, Hamburg.
Kronberger, H. (1978): Haltung von Vögeln, Krankheiten der Vögel, Gustav Fischer, Stuttgart.
Löscher, W. et al. (1991): Grundlagen der Pharmakotherapie bei Haus- und Nutztieren, Verlag Paul Parey, Berlin und Hamburg.
Mehner und Hartfiel (1983): Handbuch der Geflügelphysiologie, VEB Gustav Fischer Verlag, Jena.
Neunzig, K. (1927): Praxis der Vogelpflege und Züchtung, Creutz'sche Verlagsbuchh., Magdeburg.
Nicolai/Steinbacher (Hrsg.) (2001): Prachtfinken, Verlag Eugen Ulmer, Stuttgart.
Pingel, H., H. Jeroch (1980): Biologische Grundlagen der industriellen Geflügelproduktion, VEB Gustav Fischer Verlag, Jena.
Rabehl, N. et al. (1996): Die grobgewebliche und chemische Körperzusammensetzung verschiedener Ziervogelarten unter besonderer Berücksichtigung des Federkleides, Verlag der DVG, Gießen.
Ritchie, Harrison, Harrison (1994): Avian Medicine, Wingers Pb., Florida
Robiller, F. (2003): Das große Lexikon der Vogelpflege, Verlag Eugen Ulmer, Stuttgart.
Steinmetz, D. (1997): Die Geschichte der Ernährung des Kanarienvogels, Symp. Pet Bird Nutrition, Hannover.
Wolf, P. et al. (1994): Konsequenzen aus dem arttypischen Futteraufnahmeverhalten verschiedener Ziervögel, Verlag der DVG, Gießen.

Zeitschriften

AZ-Nachrichten, Verlag Vereinigung für Artenschutz, Vogelhaltung und Vogelzucht, Backnang.
Die Voliere, Verlag M. Schaper, Alfeld (Leine).
Der Falke – Das Journal für Vogelbeobachter, Verlag AULA, Wiebelsheim.
Der Vogelfreund, Hanke Verlag, Künzelsau
Gefiederte Welt, Verlag Eugen Ulmer, Stuttgart.
Geflügelbörse, Verlag Jürgens GmbH, Germering.
Papageien, Verlag Arndt, Karlsruhe.

Bildquellen

Horst Bielfeld, Jameln: Seite 57, 66
Corinna Conrad, Moers: Seite 77
Oliver Giel, Walsdorf: Seite 15, 26, 31, 75
Frank Hecker, Panthen-Hammer: Seite 5, 19, 65 (2)
Gerhard Hofmann & Claudia Mettke-Hofmann, Starnberg: Seite 16, 62, 79
Juniors/H.W. Crone, Ruhpolding: Seite 87
Juniors/J.u.P. Wegner, Ruhpolding: Seite 18
Jan Kube, Pagendorf: Seite 34
Regina Kuhn, Stuttgart: Seite 1, 3, 8, 13, 21, 28, 36, 37, 38, 55, 56, 61, 78, 80
Eckhard Lietzow, Enger: Seite 24, 32, 53
Horst Mayer, Walldorf: Seite 14
Gerhard Ott, Flensburg: Seite 71
Franz Pfeffer, Plattling: Seite 73
Franz Robiller, Weimar: Seite 43
F. Sauer/ F. Hecker, Panthen-Hammer: Seite 9
Dietmar Steinmetz, Mainz: Seite 41, 58, 81 (2), 83, 88, 90
Wolfgang Unfricht, Worms: Seite 11
Thomas Wendt, Wilhelmshaven: Seite 70 (2)

Bezugsadressen

A. Albrecht GmbH + Co. KG
Postfach 1351
88323 Aulendorf
Tel. (07525) 2050
Fax (07525) 7005
E-Mail: albrecht.aulendorf@t-online.de
Internet: www.albrecht-vet.de

Animonda GmbH
Postfach 1107
49001 Osnabrück
Tel. (0541) 77076-0
Fax (0541) 77076-19
E-Mail: info@animonda.de
Internet: www.animonda.de

Avian Birdfood Products Troka b.v.
Industriestraat 10
NL- 5953 LX Reuver
Tel. (0031-77) 4748365
Fax (0031-77) 4746370
E-Mail: pvbree@home.nl
Internet: www.avian.nl

Blattner
Römerstr. 24
87487 Ermengerst
Tel. (08370) 97531
Fax (08370) 97532
E-Mail: Blattner-Futtermittel@t-online.de
Internet: www.blattner-heimtierfutter.de

Claus GmbH
Friedensau 11
67117 Limburgerhof
Tel. (06236) 61036
Fax (06236) 61039
E-Mail: info@claus-futter.de
Internet: www.claus-futter.de

Drepper, Hubert
Vereinsstraße 20
44225 Dortmund
Tel. (0231) 711883
Fax: (0231) 711896
E-Mail: zoodaheim@t-online.de

Hungenberg
Am Krausenbaum 50a
41464 Neuss
Tel. (02131) 940282 u. 940382
Fax (02131) 940466
E-Mail:
info@futtermittelhungenberg.de
Internet: www.futtermittel-hungenberg.de

PremPet
Carl-Miele-Str. 220
33335 Gütersloh
Tel. (05241) 703831
Fax (05241) 703832
E-Mail: info@prempet.de
Internet: www.prempet.de

Reifenberg
Monaiser Str. 21
54294 Trier-Zewen
Tel. (0651) 2403014
Fax (0651) 8403011
E-Mail: zooreifenberg@aol.com

Rico's Futterkiste
Friedrichstr. 120
71638 Ludwigsburg
Tel. (07141)281280
Fax (07141)281281
E-Mail: info@ricos-futterkiste.de
Internet: www.ricos-futterkiste.de

Impressum

Bibliografische Information Der Deutschen Bibliothek
Die Deutsche Bibliothek verzeichnet diese Publikation in der Deutschen Nationalbibliografie; detaillierte bibliografische Daten sind im Internet über http://dnb.ddb.de abrufbar.
ISBN 3-8001-3545-0

Das Werk einschließlich aller seiner Teile ist urheberrechtlich geschützt. Jede Verwertung außerhalb der engen Grenzen des Urheberrechtsgesetzes ist ohne Zustimmung des Verlages unzulässig und strafbar. Das gilt insbesondere für Vervielfältigungen, Übersetzungen, Mikroverfilmungen und die Einspeicherung und Verarbeitung in elektronischen Systemen.

© 2003 Verlag Eugen Ulmer GmbH & Co. Wollgrasweg 41, 70599 Stuttgart (Hohenheim),
internet: www.ulmer.de
Printed in Germany
Lektorat: Dr. Eva-Maria Götz, Torsten Winter
Herstellung & DTP: Ulla Stammel
Druck: aprinta, Wemding
Bindung: Großbuchbinderei Monheim, Monheim

Haftungsausschluss

Die beschriebenen Dosierungsangaben basieren auf Literaturhinweisen und den Erfahrungen der Autoren. Der Verlag übernimmt keine Haftung für Produkteigenschaften, Fehler bei der Anwendung oder eventuell auftretende Un- oder Schadensfälle. Die den Produkten beigepackten Informationen sind unbedingt zu beachten, zumal sich Dosierungsempfehlungen mit neuen wissenschaftlichen Erkenntnissen auch ändern können.

Register

Wir fliegen auf Rico's
Artenspezifische, ausgewogene
Futtermischungen
agerung in Klimaräumen bei 15-20% Luftfeuchtigkeit.
aboruntersucht auf Pilze und Keime
Rico's Futterkiste®
Friedrichstr. 120
71638 Ludwigsburg
www.ricos-futterkiste.de
info@ricos-futterkiste.de
fordern Sie unseren Farbkatalog an
Tel. 07141 / 281280
Fax 07141 / 281281

Hier erfahren Sie mehr zum Thema:

Das große Lexikon der Vogelpflege

In diesem zweibändigen Lexikon haben mehr als fünfzig Autoren aus aller Welt ihr Wissen und ihre Erfahrung zusammengetragen.
Alle Vogelarten, die in Menschenobhut gepflegt wurden, sind in diesem Lexikon beschrieben. Sie finden alle aktuellen, verfügbaren Informationen zu Haltungs- und Zuchtbedingungen, zur Geschichte der Vogelhaltung, zu tiermedizinischen Aspekten und zum Thema Arten- und Naturschutz in kompakter und übersichtlicher Form.
Das große Lexikon der Vogelpflege. Band 1 A-K, Band 2 L-Z. F. Robiller. 2003. Etwa 512 S., pro Band, 900 Abb., Fotos und Zeichn. ISBN 3-8001-3195-1.

Einheimische Singvögel halten und züchten

Das Buch informiert umfassend und übersichtlich zu Haltung, Pflege und Zucht einheimischer Singvogelarten. Die geeigneten Vogelarten werden im Portrait vorgestellt.
Einheimische Sindvögel halten und züchten. T. Wendt. 2002. 96 Seiten, 64 Farbfotos, 39 Zeich. ISBN 3-8001-3298-2.

Zeisige, Girlitze, Gimpel und Kernbeißer

Das Buch beschreibt ausführlich, umfassend und praxisbezogen die Vogelfamilie der Cardueliden, der Gimpelartigen - Zeisige, Girlitze, Gimpel und Kernbeißer.
Zeisige, Girlitze, Gimpel und Kernbeißer. H. Bielfeld. 2003. 175 S., 82 Farbf., 34 Zeichn., 37 Verbreitungskarten. ISBN 3-8001-3675-9.

Futtertierzucht

Viele Vögel, Kleinsäuger, Fische oder Niedere Tiere brauchen lebendes Futter. Die Autoren geben dazu in diesem Buch fundierte Ratschläge und Anleitungen.
Futtertierzucht. Lebendfutter für Vivarientiere. U. Friederich, W. Volland. 3., überarb. Aufl. 1998. 192 S., 63 sw-Fotos u. Zeichn. ISBN 3-8001-7382-4.

Vögel – Akupunktur, Homöopathie, Bachblütentherapie, Kinesiologie

Die Zielsetzung des Buches ist es, dem Vogelhalter neue Einblicke in die Gesundheitsvorsorge aufzuzeigen, bisher unbekannte Erste-Hilfe-Maßnahmen anzubieten.
Vögel. R. Sonnenschmidt, M. Wagner. 1996. 158 S., 36 Farbf., 53 sw-Abb. ISBN 3-8001-7332-8.

VÖGEL NATÜRLICH FÜTTERN !
Von vielen Züchtern mit „sehr gut" beurteilt !
Mit dem einzigartigen Programm wichtiger Zusatzfuttermittel !
ZUCHTGOLD®
mit Aufbaukalk
Hervorragendes Jungenwachstum & minimierte Sterblichkeitsrate sind garantiert. Hemmt zusätzlich eine Säuerung & Pilzbildung im Kraft-/Aufzuchtfutter !
VITAMIN K1
Reines Einzelvitamin mit optimaler Wirkung. Eine Aspergillosegefahr wird bei regelmäßiger Gabe deutlich verringert & Lebererkrankungen auf ein Minimum reduziert !
NATURAMIN®
Enthält rein natürliche Vitamine, Aminosäuren, Spurenelemente, Mikromineralien, Fermente & Mineralsalze in einer äusserst reichhaltigen & wirkungsvollen Zusammensetzung !
PRECUR®
- BASIS -
Durch seinen dreifachen Wirkstoffkomplex beugt es vor und wirkt gegen Parasiten wie Haar- & Spulwürmer, Bakterien, Kokzidien und Pilzinfektionen auf natürliche Weise !
PREMGOLD
mit Fruchtextrakten
Optimal während der Ruhephase und Mauser im Herbst/Winter. Es fördert Vitalität und sorgt für Widerstandskraft !
DARMO®VIT
- Konzentrat -
Erstklassiges Mittel zur natürlichen Darmpflege. Es verbessert die Darmfunktion & beugt einem aufkommen von schädlichen Darmorganismen vor !
PREMPET®-Produkte
Carl-Miele-Str. 220
33335 Gütersloh
☎ 0 52 41/ 70 38 31
Fax: 70 38 32
www.prempet.de
MULTICOLOR
- Gefiedermix -
Der ideale Zusatz für das Gefieder. Unerlässlich während der Mauser !
Fragen Sie Ihren Fachhändler oder fordern Sie noch heute unsere kostenlosen Informationen mit weiteren Produkten an!
TRAKTOVIT
- TONIKUM -
Unübertroffen für die Stärkung des Immunsystems ! Es beugt sehr wirksam Pilzerkrankungen vor !

AVIAN Birdfood.
Ihre Vögel sind es wert.
Avian Nektar
Avian Lori
Avian Spirulina
Avian Carmix
Avian Blütenpollen
Avian Sti-Mu-Lance
Avian Propolis
Avian Vitamine K1
Avian Nektarfutter wird im Vogelpark Walsrode verwendet
Infos oder Bestellung:
www.avian.nl
E-Mail: info@avian.nl
Ruf 0031 77 / 4748365
AVIAN
Birdfood Products
TROKA BV, Industriestraat 10, NL-5953 LX Reuver

Erstklassige Spezialmischungen, Keimmischungen, Einzelsaaten für sämtliche Körnerfresser.

Eifutter – Orlux und Ravasi
Weichfutter
Frostfutter: Buffalowürmer, Heimchen, Pinky's.
Lebendfutter: Mehlwürmer, Mini und Normal, Buffalos, Heimchen.
Ergänzungsfutter, Vitamine u. v. m.

Blattner Heimtierfutter
Römerstr. 24, 87487 Ermengerst
Tel. (0 83 70) 9 75 31
Fax (0 83 70) 9 75 32
E-Mail: Blattner-Futtermittel@t-online.de
Internet: www.blattner-heimtierfutter.de

Sittiche und Papageien

In diesem Buch werden die wichtigsten Sittiche und Papageien vorgestellt und mit allen notwendigen Hinweisen zur Haltung und Pflege näher beschieben.

Sittiche und Papageien. D. Hoppe. 5. Aufl. 2003. 127 Seiten, 49 Farbfotos, 21 Zeichn. ISBN 3-8001-4452-2.

Feder-Architektur mit Konzept

AviConcept®

nach Dr. Steinmetz

– **Sinnvolle Nährstoffergänzung bei Gefiederproblemen**
– **leuchtende Farben und Glanz**
– **feste Feder für sicheren Flug**

Zusammensetzung:
Lysin, Methionin, Mineralstoffe, Algen, Glucose, 500.000 µg/kg Biotin, 2.500 mg/kg Zink
Fütterungsempfehlung:
Täglich erhalten: ***Ziervögel*** mit etwa 20 g Körpergewicht: 0,5 g AviConcept® mit dem gewohnten Futter, in Weichfutter oder über Obst, ***Papageien:*** 2 g AviConcept® pro 500 g Körpergewicht in das gewohnte Mischfutter einmischen oder das gereichte Obst überpudern, ***Tauben:*** 2 g AviConcept® pro 500 g Körpergewicht über das Futter streuen.

Handelsformen:
Dose mit 50 g Pulver und Messlöffel mit 0,5 g Fassungsvermögen
Dose mit 500 g Puiver und Messlöffel mit 0,5 g Fassungsvermögen

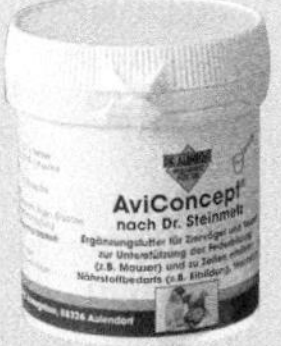

Exklusiv in der Tierarztpraxis

A. Albrecht GmbH + Co. KG
Veterinär-medizinische Erzeugnisse, 88323 Aulendorf

albrecht

Das **KAYTEE *exact*®**-Ernährungsprogramm ist das Ergebnis aus mehr als 125-jähriger Erfahrung und systematischer Forschungsarbeit. Denn jedes Futterbröckchen enthält ***exact*** alle lebenswichtigen Nährstoffe. Das sorgt für ein stets ausgewogenes Futterangebot und hält den Vogel fit und vital - ein Leben lang.

Und als Beweis Ihrer Zuneigung gönnen Sie Ihrem gefiederten Freund doch regelmäßig einen leckeren Snack. Natürlich auch von **KAYTEE**.

KAYTEE-Produkte sind verfügbar für Papageien, Nymphensittiche, Sittiche, Beos und alle Weichfresser.

KAYTEE - *Neue Wege in der Ernährung von Ziervögeln*

KAYTEE®

Exklusiv-Vertrieb: **ANIMONDA GmbH** · Postfach 1107 · 49001 Osnabrück
☎ (05 41) 7 70 76-0 · Telefax: (05 41) 7 70 76-19
E-Mail: info@animonda.de · Homepage: www.animonda.de

Zoofachmarkt reifenberg

Wir versenden:
Lebendfutter
(Mehlwürmer, Heimchen, u.a.),
Vogelfutter und
Zubehör

PRESTIGE NutriBird · VERSELE-LAGA · KAYTEE · aleckwa · claus · CéDé Futtermittel · orlux · BLANK'S Brieftaubenprodukte · Röhnfried

Fordern Sie unseren Katalog an!

Monaiser Str. 21, 54294 Trier-Zewen
Tel. 0651/8403014 Fax 0651/8403011

Hubert Drepper

60 Jahre Korn und Saat,
Star-Produkte
Versand für Züchterbedarf

Züchter und anspruchsvolle Vogelfreunde finden bei uns bestimmt das Richtige! Wählen Sie aus 60 Qualitätsfuttermischungen eigener Herstellung sowie aus 150 Einzelsorten und Vormischungen. Auch Futterergänzungen und Zubehör führen wir in großer Auswahl. Fordern Sie kostenlos unsere neueste Preisliste und Serviceangebote an!

Anschrift:
Vereinsstraße 20,
44225 Dortmund,
Tel. (02 31) 71 18 83,
Fax (02 31) 71 18 96,
E-Mail:
zoodaheim@t-online.de

Futtermittel HUNGENBERG

Wir führen ein Komplettprogramm für die Vogel- und Heimtierhaltung

Eigenproduktionen an Spezialmischungen für alle Vogelarten • Weichfutter • Kräuter Ergänzungsfutter • Weichfresserfutter • Aufzuchtfutter • Keimfutter • Grit • Gritsteine Vitamin-, Mineral-, Spurenelemente-, Aminosäuren- und prebiotische Präparate.

Einzelsämereien • Futterinsekten-lebend, getrocknet, gefroren • Kolbenhirse • Sepiaschale jegliches Zubehör: Gitter • Draht • Näpfe • Tränken • Sitzstangen • Dimmer • Luftreiniger Nester • Nistmaterial • Keimsiebe • Zuchtkäfige • Vogelkäfige • Bücher • Badehäuser • Ringe Kropfkanülen • Kescher ...... und vieles mehr

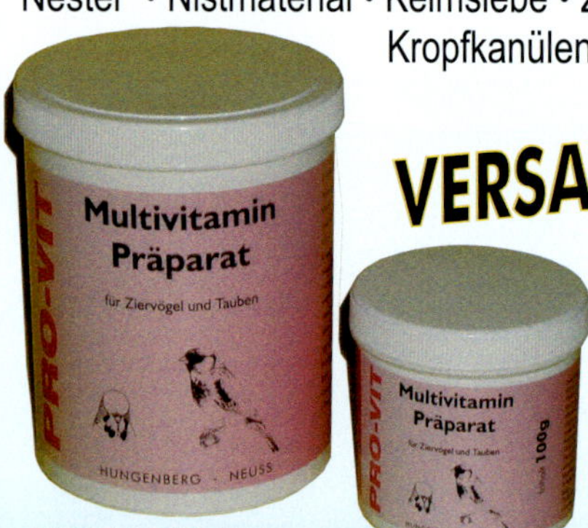

PRO-VIT Multivitamine

VERSAND - schnell • günstig • zuverlässig

www.futtermittel-hungenberg.de
41464 Neuss/Germany • Am Krausenbaum 50a
Tel.02131/940282 u. 940382 • Fax 02131/940466
Email: HungenbergNeuss@aol.com

täglich geöffnet von 9.30 bis 18.30 Uhr - Samstag von 9.30 bis 14 Uhr
direkt zu erreichen über die A46/A57 - Abfahrt Neuss-West

claus

Natürlich, gesund und vielfältig

Spezialprodukte von Claus
für artgerechte Heimtierhaltung

- Aufzuchtfutter
- Weichfutter
- Keimfutter
- Lebendfutter
- Winterfutter für Vögel und Igel
- Ergänzungsfutter für Vögel und Nager
- Schildkrötenfutter
- Einstreu für Käfig, Voliere und Terrarium

Claus GmbH · 67117 Limburgerhof · Tel.: 0 62 36/6 10 36 · www.claus-futter.de